W0187738

Kreative Biere sind geschmacksintensive Biere, die mit viel Herzblut von authentischen Charaktertypen gebraut werden, die Kreatives und Neues wagen oder mit Liebe alte Rezepte wiederbeleben. Sie arbeiten handwerklich und nutzen nur natürliche Rohstoffe. Sie produzieren keine Mainstream-Biere, sondern nur Biere, für die sie selbst brennen. Oliver Wesseloh nimmt uns mit auf eine Reise durch die überraschend abwechslungsreiche Welt des Bieres, führt durch die Brauhistorie, erklärt den Weg zum guten Bier, hinterfragt das deutsche Reinheitsgebot und macht Lust, die neue Vielfalt des Bieres zu entdecken.

OLIVER WESSELOH war viel unterwegs in den letzten Jahren: Der Dipl.-Ing. für Brauwesen arbeitete in der Karibik, in Süd- und Nordamerika. Die Kreativität und Geschmacksvielfalt der US-amerikanischen Craft Brewer beeindruckte ihn nachhaltig, und ihm wurde klar, dass er mithelfen wollte, die Biervielfalt in Deutschland wiederzubeleben. Zurück in der Heimat, begann er 2012 mit dem Aufbau der Kehrwieder Kreativbrauerei, gewann 2013 die Weltmeisterschaft der Sommeliers für Bier und bezog nach 1½ Jahren als Wanderbrauer 2014 die eigene Brauerei.

JULIA WESSELOH ist Journalistin, hat Politik- und Volkswirtschaftslehre studiert, reiste einige Jahre durch die Welt, lebte in der Karibik, in Südamerika und in den USA und arbeitete als Fotografin und Autorin. Nach der Rückkehr in ihre Heimatstadt Hamburg gab sie ihre Freiberuflichkeit auf, um gemeinsam mit ihrem Mann, mit dem sie die Leidenschaft für charakterstarke Biere teilt, die Kehrwieder Kreativbrauerei aufzubauen.

Julia und Oliver Wesseloh

BIER LEBEN

Die neue Braukultur

Rowohlt Taschenbuch Verlag

Originalausgabe • Veröffentlicht im Rowohlt Taschenbuch
Verlag, Reinbek bei Hamburg, November 2015 • Copyright ©
2015 by Rowohlt Verlag GmbH, Reinbek bei Hamburg • Über-
setzung der Interviews auf Seite 42 ff., 54 ff., 157 ff., 194 ff.
Dr. Marcus Gärtner • Abbildungen im Innenteil formvermittlung
• Umschlaggestaltung ZERO Werbeagentur, München, nach
einem Entwurf und mit der Abbildung von formvermittlung,
Hamburg • Satz Mercury PostScript, InDesign, bei
Dörlemann Satz, Lemförde • Druck und Bindung CPI books
GmbH, Leck, Germany • ISBN 978 3 499 62946 4

INHALT

VORWORT

◊ Olli lebt und liebt Bier. Seine Begeisterung ist ansteckend, sein Wissensschatz beeindruckend. Seit ich ihn kenne, dreht sich bei ihm alles nur ums Bier. Dagegen habe ich allerdings gar nichts einzuwenden. Warum auch? Ich habe schon immer gerne Bier getrunken, seine Jobs brachten uns an traumhafte Orte dieser Welt, und ich habe dank ihm die unglaublichen Geschmackserlebnisse kennengelernt, die Bier zu bieten hat. Bier ist Genuss, Bier ist Vielfalt, und Bier ist seit einiger Zeit auch in Deutschland wieder in aller Munde. Über Bier wird gesprochen, über Bier wird geschrieben, vor allem aber wird Bier wieder bewusst getrunken.

Mit der gemeinsamen Arbeit an diesem Buch haben wir uns erneut auf die Reise begeben. Olli hat mich mitgenommen auf eine spannende Exkursion durch die Welt des Bieres. Wir betrachten die Rohstoffe genauer, werfen einen Blick auf die Brauhistorie, schauen, was biertechnisch weltweit, aber vor allem in Deutschland gerade so los ist, setzen uns kritisch mit dem Reinheitsgebot auseinander, beschreiben einige herausragende Beispiele der über 150 verschiedenen Bierstile, erklären, wie man selbst braut, und führen in der Rubrik «Auf ein Bier mit ...» Gespräche mit einigen Köpfen der deutschen und internationalen Craft-Beer-Szene.

Dieses Buch soll neugierig machen, dazu ermuntern, Bier wieder zu leben, und das Verständnis für und die Wertschätzung von Bier fördern. Dabei hatten wir nicht den Anspruch, ein allumfassendes Kompendium zu verfassen. Uns geht es vielmehr um Genuss, Leidenschaft und die Liebe zum Bier.

Auf die Biervielfalt!
Cheers, Julia

1.

LIEBES-ERKLÄRUNG AN DAS BIER

WARUM BIER DAS SPANNENDSTE GETRÄNK DER WELT IST

 Bier – kennen Sie. Sind Sie sicher? Wir Deutschen sind die Biernation schlechthin. Wir sind stolz auf unser Bier. Wir haben das Reinheitsgebot, unser Bier ist weltweit bekannt, wir haben 5000 verschiedene Biere, und nirgends wird so gutes Bier gebraut wie hierzulande. Gleichzeitig gilt Bier aber auch als unkultiviert, es wird in Massen getrunken und soll dick machen. Wie kann es sein, dass wir etwas, auf das wir so stolz sind, so haben verkommen lassen? Etwas, das eigentlich so großartig und unglaublich vielfältig sein kann.

Seit den achtziger Jahren wurden sich die Biere immer ähnlicher, sie haben stark an Geschmack und Charakter eingebüßt. Alle biertypischen Attribute wurden mit dem Ziel entfernt, den Nicht-Biertrinker anzusprechen und damit den Absatz zu erhöhen. Die geschmackliche Neutralisierung, jahrelange Preiskämpfe und der Aufkauf und die Schließung von kleinen Brauereien haben dafür gesorgt, dass die allgemeine Wertschätzung von Bier immer weiter gesunken und des Deutschen liebstes Getränk absolut austauschbar geworden ist.

Was für eine Verschwendung! Bier ist so viel mehr – es kann sehr wohl faszinieren, es ist extrem vielfältig, geschmacksintensiv, außergewöhnlich. Bier ist das am meisten unterschätzte Getränk in Deutschland, bei keinem anderen gibt es eine vergleichbare Vielfalt. Das Spektrum, das Bier geschmacklich und aromatisch abdecken kann, ist nahezu unbegrenzt. Die vielen Variationsmöglichkeiten, die man aus einem Bier herauskitzeln kann, die Vielfalt, die man kreieren kann, die abgefahrenen Geschmacksfaktoren, mit denen man spielen kann, sind einfach fabelhaft. Ich liebe die Erlebnisreise durch die Welt der Aromen, die ein Bier mit einem einzigen Schluck liefern kann.

Pils und Weizen sind nur zwei von 150 Bierstilen weltweit. Es gibt über 200 verschiedene Hopfensorten, deren Aromatik darüber hinaus vom Anbaugebiet abhängig ist, und eine Vielzahl an Malzen und Hefen. Schon allein wenn man einen Bierstil mit dem gleichen Wasser, dem gleichen Malz und der gleichen Hefe brauen und nur den Hopfen austauschen würde, entstünden über 200 Biere mit unterschiedlichen Geschmacksprofilen. Sie könnten nach Holunderblüten, Honigmelone, Erdbeere, grüner Paprika, Grapefruit oder Menthol schmecken – um nur einige Optionen zu nennen. Wenn man dann auch noch Malz und Hefe variiert und vielleicht weitere natürliche Zutaten wie Früchte, Gewürze oder Kräuter hinzufügt, kann sich jeder selbst ausmalen, wie groß die Biervielfalt ist. Dabei gibt es nicht das eine Bier, das jedem schmeckt, und das ist auch gut so. Aber ich gehe jede Wette ein, dass ich für jeden, egal ob Biertrinker oder nicht, ein Bier finde, dass ihn begeistert.

Nehmen wir zum Beispiel einmal ein hopfenbetontes Bier, das nach Erdbeere oder Aprikose riecht und schmeckt. Es ist die Fruchtigkeit des Aromahopfens, die neu und anders ist, die viele überrascht, die aber auch gerade erklärte Nicht-Biertrinker begeistert. Insbesondere Frauen freuen sich über die Geschmacksvielfalt. Denn sie wollen nicht, wie jahrelang von der Bierindustrie angenommen, Bier ohne Geschmack trinken. Ihnen waren die Biere häufig schlichtweg zu eindimensional, sie waren bitter und sonst nichts. Der Aromahopfen stellt der Bitterkeit eine Fruchtigkeit an die Seite, die fasziniert, und das geschieht genau dann, wenn Bittere, Vollmundigkeit und Fruchtaromatik eine Harmonie ergeben.

Wie bei jedem anderen Genussmittel gilt: Wenn ein Produkt einen geschmacksintensiven Charakter hat, kann es für Entzücken sorgen, aber genauso anecken und eben nicht schmecken. Und hier besteht der Unterschied zwischen den großen industriellen Brauereien und den Kreativbrauern. Die einen wollen möglichst viele Menschen erreichen und so billig wie möglich produzieren, die anderen wollen aromatische Biere brauen, die begeistern.

Es gibt nicht das eine, ideale, beste Bier. Vielmehr gibt es das passende Bier zu jedem Anlass und für jeden Geschmack. An einem Sommertag am Strand mit Freunden wähle ich ein anders Bier als an einem Winterabend am Kamin, an einem Abend zu zweit oder wenn es etwas zu feiern gibt. Genauso stimme ich die Biere auf die Speisen ab. Inzwischen habe ich einen Bierkeller, und es macht wahnsinnig viel Freude, das passende Bier zu einem köstlichen Essen auszuwählen. Unabhängig von der Situation kann man aber sagen: Das ideale Bier muss spannend sein, beim Riechen und Schmecken sollte es jede Menge zu entdecken geben. Es muss beeindruckend sein, und zwar in dem Sinne, dass es positive, bleibende Erinnerungen hinterlässt.

WIE ICH ZUM BIERFREAK WURDE

⬤ Ich habe keine Ahnung, warum, aber eigentlich war Bier schon immer mein Getränk. Meine Eltern trinken kaum Alkohol, und wenn, dann Wein. Aber Bier war einfach das Getränk, das für mich gepasst hat. Bier war ehrlich, es war nicht so pappig süß wie manch anderes Getränk, hatte mehr Geschmack als Wasser, und mit der Bittere konnte ich schon immer gut umgehen.

Das erste Mal, das ich mich wirklich mit Bier auseinandergesetzt habe, war während eines Schüleraustauschs mit einer kanadischen Schule. Als die Kanadier bei uns zu Besuch in Hamburg waren, wollten sie genau zwei Dinge – die Reeperbahn sehen und deutsches Bier trinken. Bei unserem Gegenbesuch erfuhr ich dann auch, warum; es gab wässrige Biere in großen Pitchern, ohne Kohlensäure und ohne Geschmack. Mir gefiel das Land, nicht aber das Bier. Da fasste ich einen Entschluss: Ich werde Bierbrauer in Kanada. Das Ziel vor Augen, ging ich zum Studium an die Versuchs- und Lehranstalt für Brauwesen nach Berlin und verließ die Universität einige Jahre später als Diplom-Ingenieur für Brauereiwesen. Im Fokus der Ausbildung stand die klassische Pils-/Lagerproduktion. Im Rückblick denke ich, dass wir uns viel zu sehr auf Deutschland konzentriert haben. Auf andere Bierstile als die klassischen waren wir einfach nicht eingestellt. Ein Blick über den Tellerrand hätte zur Erweiterung des Horizonts sicher nicht geschadet. Aber der kam für mich glücklicherweise einige Jahre später. Nach Stationen in der deutschen Getränkeindustrie spülte mich ein Zufall für einige Jahre in die Karibik, anschließend nach Südamerika und schließlich in die USA.

Es war mein erster Besuch in einer amerikanischen Craft Brewery, und es war mein erstes India Pale Ale (IPA). Ich war bei New Belgium in Fort Collins/Colorado, es war das *Ranger IPA*, noch als Prototyp in unbedruckten Dosen. Ich nahm den ersten Schluck, und die fruchtigen Aromen des Hopfens explodierten gepaart mit dem beeindruckenden Einschlag der Bittere in meinem Mund. Dieses Geschmackserlebnis war der Anfang einer langen Reise, auf der ich hervorragende, köstliche, spannende, abgefahrene und auch ungenießbare Biere getrunken habe.

Ich hatte gerade meinen neuen Job bei einem großen deutschen Brauereianlagenhersteller begonnen, zog mit meiner Familie nach Miami und besuchte fortan die amerikanischen Craft Brewerys. Ich hatte schnell erkannt, dass da gerade unglaublich viel passiert, hatte den Fokus meiner Arbeit, entgegen der Firmeneinschätzung, von Anfang an auf die kreative Bierszene gelegt. Mein Job war es, neue Kunden zu gewinnen. Mein Vergnügen war es, die Biere der jungen, unabhängigen Brauereien zu probieren und mich mit den Brauern auf fachlicher und persönlicher Ebene zu unterhalten. Eine meiner ersten Reisen führte mich zur Sierra Nevada Brewing Company nach Chico/Kalifornien. Der Gründer der Brauerei, Ken Grossmann, gehört zu den Pionieren der US-Craft-Beer-Szene. Sein erstes und beliebtestes Bier, das *Sierra Nevada Pale Ale*, ist für mich eines der besten Biere der Welt.

Als ich mein erstes Pale Ale trank, habe ich das Licht gesehen. Es war die totale Erfüllung. Da passte einfach alles: Die Balance in diesem Bier ist auf den Punkt perfekt. Es hat eine grapefruitartige Frische gepaart mit einem perfekten Malzkörper, ohne dass das eine das andere überflügelt. Und es hat eine wunderbare Trinkbarkeit. Es war dann auch das Bier, das bei uns in Miami immer im Kühlschrank stand. Da war das Nachhausekommen gleich doppelt schön. Insbesondere wenn ich von Reisen nach Deutschland zurückkam, denn da fiel es mir auf einmal extrem schwer, Bier zu trinken. Was dort in Restaurants und Kneipen ausgeschenkt wurde, ödete mich auf einmal einfach unglaublich an. Wer hätte gedacht, dass ein deutscher Brauer in die USA fahren muss, um das Potenzial seines liebsten Getränks neu zu entdecken!

Für mich war relativ schnell klar, dass ich irgendwann auch spannende und geschmacksintensive Biere brauen wollte, und zwar in meiner Heimatstadt Hamburg. Bis es so weit war, genoss ich die unglaubliche Biervielfalt in den USA. Bars und Kneipen mit zehn Zapfhähnen und mehr sind dort keine Seltenheit. Ein Besuch in einem Biergeschäft fühlte sich für mich an wie der Besuch eines Kindes in einem Spielzeugladen. Es gab einfach so viele charakterstarke Biere, die ich zu gerne einmal probieren wollte. Nicht selten verließ ich den Laden mit einem Dutzend Flaschen Bier und zahlte eine Summe, mit der ich früher eine ganze Party hätte mit Bier versorgen können. Es ging um Genuss statt Masse. Meine Frau Julia und ich verbrachten viele Abende auf der Terrasse und teilten uns eine Flasche Bier, wie sich andere Paare eine gute Flasche Rotwein zum Abschluss eines schönen Tages gönnen. Wenn wir zum Essen bei Freunden eingeladen waren, brachten wir das passende Bier mit. Und auch zum Sonnenuntergang am Strand hatte ich das richtige Bier dabei.

Als die Entscheidung schließlich feststand, dass ich meinen Job kündigen, wir zurück nach Deutschland gehen, einfach noch einmal bei null anfangen und die Brauerei aus dem Boden stampfen würden, absolvierte ich noch die Ausbildung zum Diplom-Biersommelier. Als Brauer lernt man, Fehlgeschmäcker im Bier zu identifizieren. Ich aber wollte die Leute mit meiner Bierbegeisterung anstecken – und das Handwerkszeug hierfür bekam ich während der Biersommelier-Ausbildung.

Zurück in Deutschland, haben wir dann mit dem Aufbau der Kehrwieder Kreativbrauerei begonnen. Und weil sich die Immobiliensuche so lange hinzog, haben wir uns kurzerhand bei befreundeten Brauereien eingemietet, um dort unsere ersten Biere zu brauen, bis wir schließlich unsere eigene Brauerei beziehen konnten. Parallel zu dem Aufbau in Hamburg war ich noch immer in den USA unterwegs, inzwischen allerdings als Brauerei-Berater.

Einmal gab es da dieses Bier, das ich unbedingt verkosten wollte. Ich hatte schon so viel gehört von dem *16th Anniversary* von Firestone Walker in Paso Robles/Kalifornien, einer der besten und kreativsten Craft Brewerys der USA. Auf einer meiner Reisen machte ich einen Zwischenstopp in Chicago, ging dort in eine Bar und sah das *16th Anniversary* auf der Karte und dann auch noch vom Fass. Nachdem ich gerochen und den ersten Schluck genommen hatte, war ich für einige Zeit sprachlos. Die Komplexität, das Zusammenspiel der Aromen war atemberaubend. Pompöse, wuchtige Aromen trafen auf feine Noten, und trotz der Bombastigkeit wurde nichts überlagert. Mit jedem Schluck konnte man eine neue Facette des Bieres entdecken. Es sollte nicht das einzige besondere Erlebnis sein, das ich mit einem Bier von Firestone Walker hatte. Ein Jahr später gewann ich mit ihrem Double IPA das Finale der Weltmeisterschaft der Sommeliers für Bier.

Im Gegensatz zu den Brauern aus den USA, die nach Europa schauten, um spannende neue Biere zu entwickeln, hätten wir deutschen Brauer neue Rezepte aus anderen Ländern gar nicht zwingend gebraucht. Die jahrhundertealte deutsche Biertradition hat eigentlich selbst genug zu bieten. Es gibt unzählige spannende deutsche Bierstile, die förmlich nur darauf warten, wieder entdeckt und neu interpretiert zu werden. Aber manchmal muss man eben weggehen, um zu sehen, was man hat. Ohne meinen «Umweg» über die USA hätte ich das wirkliche Potenzial von traditionellen Bierstilen wie Gose und Berliner Weiße (ohne Schuss) vielleicht nie erkannt.

BIER-
HISTORIE
2.

BIER – EIN ZUFALLS-PRODUKT

◍ Es soll alles nur ein Zufall gewesen sein. Daran beteiligt waren: ein Gefäß, ein Getreidegemisch in Form von Brei oder Brot, Wasser und wilde Hefe. Vielleicht blieb ein Bottich mit Getreidebrei im Regen stehen und füllte sich mit Wasser. Vielleicht fiel auch ein Stück Brot in einen Bottich mit Wasser oder wurde bewusst eingeweicht, um einem kranken Menschen das Schlucken zu erleichtern. Auf jeden Fall kam ein Getreidegemisch mit Wasser in Verbindung und blieb einige Tage stehen. Es war ein gefundenes Fressen für wilde Hefen, die sich über das Gemisch hermachten. Die Spontangärung setzte ein, es bildete sich ein bisschen Schaum und ein leichter Alkoholgehalt. Aus dem Zufallsprodukt wurde das erste Bier.

Die ältesten nachweisbaren Überlieferungen für die Bierherstellung stammen aus dem 4. Jahrhundert vor Christus. Es sind in Stein und Ton gemeißelte Dokumente, auf denen die Sumerer die Herstellung und Rezeptur ihres Alltagsgetränks verewigten. Die Ackerbauern aus Mesopotamien (dem heutigen Irak) stellten ihr Bier aus Emmer oder Gerste her, manchmal kam auch eine Getreidemischung zum Einsatz. Aus den geriebenen Getreidekörnern wurde Brot gebacken, das anschließend in Wasser eingeweicht wurde, um den Gärungsprozess einzuleiten. Das so entstandene Urbier war ziemlich trüb, süß, hatte einen geringen Alkoholgehalt und war nicht lange haltbar. Das Getränk erfreute sich großer Beliebtheit, es schmeckte, und der Rausch machte lustig. Es soll sogar so beliebt gewesen sein, dass die Hälfte der Getreideproduktion damals zur Herstellung von Bier genutzt wurde.

Das Brauen, ebenso wie das Backen, lag zu dieser Zeit in Frauenhand. Der Fruchtbarkeits- und Getreidegöttin Ninkasi wird es zugeschrieben, den Frauen die Gerste und das Wissen von der Braukunst gegeben zu haben.

Etwa zeitgleich brauten auch die Ägypter bereits ihr eigenes Bier. Erst kürzlich entdeckten Archäologen eine 5000 Jahre alte Brauerei, die einst vom alten Ägypten betrieben wurde. Bei Ausgrabungen sind die Wissenschaftler nicht nur auf 17 Höhlen gestoßen, die zur Lagerung landwirtschaftlicher Produkte gedient haben, sondern auch auf Teile großer Keramikwannen, die nach ägyptischer Tradition hergestellt und zum Bierbrauen genutzt wurden. Für die Ägypter war das Bier ein Grundnahrungsmittel wie Brot. Nahezu die ganze Bevölkerung trank Bier. Allerdings bekamen nicht alle das gleiche Bier. Die hochprozentigen Biere waren ausschließlich für die herrschende Klasse bestimmt, frei nach dem Motto «Zeig mir dein Bier, und ich sage dir, wo du stehst».

Während das Bier bei den Ägyptern und Sumerern ein hochangesehenes Kulturgut war, spielte es bei den Griechen eher eine untergeordnete Rolle. Man hatte schon einige Erfahrungen im Weinanbau gemacht und das alkoholische Getränk zu schätzen gelernt. Nur wer sich Wein nicht leisten konnte, braute Bier.

Ähnlich sah es bei den römischen Nachbarn aus. Auch sie zogen Wein dem Bier vor. Erst Julius Caesar erkannte die Vorzüge des nahrhaften Durstlöschers. Seine Legionäre hatten ihm immer wieder von verschiedenen Bieren berichtet und kamen schließlich selber in den Genuss. Das Bier wurde zum Proviant für die Soldaten auf ihren Feldzügen.

Die ersten Hinweise auf die Braukunst der Germanen wurden im Maintal bei Kulmbach gefunden. In einem Grab entdeckten Archäologen einen Bierkrug aus der Zeit um 800 vor Christus, der wohl einem Germanen als Wegzehrung mit ins Grab gegeben wurde. Anders als bei den Ägyptern war das Bier bei den Germanen kein Alltagsgetränk, sondern wurde extra für große Feste gebraut. Daraus entwickelten sich dann gerne kräftige Trinkgelage.

Doch die Trinkgelage scheinen den Germanen nicht nachhaltig geschadet zu haben. Waren sie es doch, die die Bierzubereitung ein gutes Stück weiterentwickelten. Sie fanden heraus, dass es ausreichte, Getreidekörner zum Keimen zu bringen und anschließend auf einem Rost über einer Feuerstelle trocknen zu lassen. Damit ersparten sie sich das Brotbacken. Der Rost über dem Feuer war der Vorläufer der Malzdarre. Außerdem fanden die Germanen heraus, dass das Kochen der Würze über dem offenen Feuer dem Bier guttat. Daher wurde es in vielen germanischen Dörfern zur Pflicht.

Auch bei den Germanen lag das Brauen und Backen übrigens komplett in Frauenhand. Das änderte sich erst im Mittelalter, als die Klosterbrauereien zunehmend an Bedeutung gewannen. Hier waren die Brauer aufgrund des Zölibats ausschließlich Männer. Bier und Brot waren die Grundnahrungsmittel der Mönche. Zur Fastenzeit stellten sie einfach komplett auf Bier um, denn nur die Aufnahme von fester Nahrung war nicht erlaubt. Die Klosterbrüder brauten zunächst lediglich für den eigenen Bedarf, später dann verkauften sie ihre Biere auch an die Menschen und Gasthäuser der Region.

Einen entscheidenden Entwicklungsschritt erlebte die Braukunst schließlich durch die systematische Fortentwicklung der Brautechnologie in den mitteleuropäischen Klöstern. Die Mönche begannen, den Brauprozess zu studieren, sie hinterfragten die Abläufe, entwickelten neue Rezepte und experimentierten mit verschiedenen Heilkräutern und -pflanzen. Zu ihren wichtigsten Entdeckungen zählten die Entwicklung des Kühlschiffs und des Braukessels und schließlich der Einsatz von Hopfen. Fortan war es möglich, haltbareres Bier zu brauen. Der Geschmack, der sich durch den Hopfen ebenfalls veränderte, spielte zu dem Zeitpunkt noch keine Rolle. Anders als heute war Bier damals kein Genuss-, sondern ein wertvolles Grundnahrungsmittel. Zum einen war es eine keimfreie, saubere Alternative zum verdreckten Wasser, zum anderen wurden mit dem Bier wertvolle Kalorien- und Nährstoffe aufgenommen. Daher galt damals: Die starken Biere sind die guten Biere.

Die Möglichkeit, haltbare Biere zu produzieren, war so verlockend, dass auch die weltlichen Brauer begannen, mit Hopfen zu brauen. Bier konnte von nun an nicht nur gelagert, sondern auch transportiert werden. Eine Tatsache, die sich insbesondere die norddeutschen Brauer zunutze machten. Zu Zeiten der Hanse (13. bis 16. Jahrhundert) entstanden innerhalb des Handelsverbandes zahlreiche Brauereien, allein in Hamburg, «dem Brauhaus der Hanse», gab es über 500 Braustätten. Hier wurden in der zweiten Hälfte des 14. Jahrhunderts jährlich 200 000 Hektoliter Bier gebraut. Ein beträchtlicher Teil des Bieres ging direkt auf eines der 1000 Schiffe der Handelsflotte. Dabei unterschied man zwischen Schiffsbier und Seebier. Während das «Seebier» allein für den Export gedacht war, wurden mit dem nahrhaften «Schiffsbier» die Seefahrer versorgt.

Mit dem Niedergang der Hanse ging es schließlich auch mit den Brauereien im Norden bergab – während im Süden eine Brauerei nach der anderen eröffnete.

WIE AUS VIELFALT EINFALT WURDE

⬦ Ihre größte Blütezeit erlebte die deutsche Brauindustrie im 19. Jahrhundert. Die Brauer waren sehr umtriebig, sie entwickelten neue Biersorten, brachten die Brautechnologie voran und bildeten in Braustudiengängen den Nachwuchs aus. Biersorten wie Altbier, Bock, Doppelbock, Eisbock und Dortmunder Export wurden kategorisiert. Darüber hinaus gab es eine große Vielfalt an starken, häufig regionalen Biersorten wie Dampfbier, Kellerbier, Gose, Berliner Weiße oder Lichtenhainer.

Stand bis zum Ende des Zweiten Weltkriegs noch immer die Versorgung der Bevölkerung mit Nährstoffen im Vordergrund, gewannen zur Zeit des deutschen Wirtschaftswunders Geschmack und Marke zunehmend an Bedeutung. Dabei ging es jedoch nicht darum, die Geschmacksvielfalt der einzelnen Bierstile zu erhalten. Das Gegenteil war der Fall, es sollte eine möglichst große Bevölkerungsgruppe angesprochen werden. Das Zepter in den großen Brauereien übernahmen Controlling und Marketing, der Brauer musste in die zweite Reihe abtreten. Über das Produkt wurde kaum noch gesprochen, vielmehr stand jetzt ein bestimmtes Lebensgefühl, das das Bier vermitteln sollte, im Mittelpunkt der Kommunikation. Die Biere wurden sich immer ähnlicher und büßten stark an Geschmack und Charakter ein. Alle biertypischen Attribute wurden mit dem Ziel entfernt, den Absatz zu erhöhen. Niemand sollte mehr sagen können: «Das Bier schmeckt mir nicht», und so wurde jede individuelle Note vermieden.

Noch heute wird der Biermarkt in Deutschland vom Einheitsbier der großen Konzerne dominiert. Die meisten Biere passen halt für jeden, aber kaum eines ist besonders, keines sticht heraus. Im Einzelhandel wird die Kaufentscheidung für ein Bier häufig nur noch über den Preis getroffen. In der Gastronomie ist «Ein Bier bitte» nach wie vor eine gängige Bestellung. Kaum jemand macht sich Gedanken über Stil und Geschmack des Bieres.

Es ist an der Zeit, dass wir das Bier endlich wieder richtig feiern und ihm die Wertigkeit zukommen lassen, die es verdient. Dabei müssen viele in der Branche neu lernen, wie echte Bierkultur gelebt werden kann. Hierfür müssten die gängigen Bierlieferverträge – die die Gastronomen an eine bestimmte Brauerei binden und den Ausschank von Bieren, die nicht zum Brauereikonzern gehören, untersagen – eingestellt werden, das Verramschen mit Rabattaktionen muss aufhören. Momentan ist alles noch auf ein austauschbares Einsorten-Angebot ausgelegt. Sich davon wegzubewegen, das ist die große Herausforderung.

3.

BIERSZENE
WELTWEIT

BIERVIELFALT
ERLEBEN

Als Bierliebhaber stehe ich vor einem Luxusproblem – es gibt rund um den Erdball einfach zu viele großartige, kreative Köpfe, als dass ich sie hier alle benennen könnte. Daher werde ich anhand einzelner Länder und Brauereien versuchen, die Bandbreite des Möglichen vorzustellen und Neugierde zu wecken. Schließlich gibt es eine Menge zu entdecken, zunächst beim Stöbern im Bierladen des Vertrauens oder beim Probieren in der Lieblings-Bierbar (die glücklicherweise immer mehr werden). Denn inzwischen gibt es auch in Deutschland eine beachtliche Auswahl an kreativen Bieren aus aller Welt. Aber am spannendsten ist es natürlich auf Reisen, wenn man sich einfach einmal umschaut, was im jeweiligen Ort lokal gebraut wird, und dabei auf echte Schätze und Raritäten trifft.

Auch ich bin immer wieder überrascht davon, wo überall spannende Biere auf einen warten. Ich wurde einmal von einem brasilianischen Kollegen zum großen Brauereifest seiner Cervejaria Abadessa nach Porto Alegre eingeladen. Vom Flughafen ging es direkt in den «Biermarkt vom Fass», und mich erwartete echte Biervielfalt mit einer erstklassigen Auswahl nationaler und internationaler Biere, wie ich sie in Deutschland noch nicht erlebt habe. Da stellt man sich schon einmal die Frage, warum man aus dem Bierland Deutschland viele tausend Kilometer reisen muss, um echte Biervielfalt zu erfahren.

Ein weiteres Beispiel ist Israel. Das israelische Verkehrsbüro fragte mich 2014, ob ich nicht eine Journalistenreise begleiten wolle. Schwerpunkt der Reise sollten die israelischen Brauereien und ihre Boutique-Biere, wie sie dort genannt werden, sein. Die Anfrage überraschte mich, denn ich kannte bisher nur die großen Brauereien des Landes, nicht aber die Craft-Beer-Szene. Nach einer kurzen Recherche, die einige spannende Brauereien zutage brachte, sagte ich zu. Ich war neugierig auf das Land und seine Bierkultur. Und ich wurde nicht enttäuscht, sondern war vielmehr nachhaltig beeindruckt.

Mit einer Kneipe wie dem Porter & Sons in Tel Aviv, in der 30 bis 40 verschiedene Bierstile vom Fass und weitere 100 aus der Flasche angeboten werden, hatte ich wirklich nicht gerechnet. Und auch nicht mit dem, was mich auf dem Carmel Market in Tel Aviv erwartete. Der Markt ist schon, völlig unabhängig vom Bier, mit all seinen Farben und Gerüchen ein Fest für die Sinne. Aber dann trifft man am Ende des Marktes noch auf den Beer Bazar, eine kleine Bretterbude, die nur zu Marktzeiten geöffnet ist, mit Barhockern, direkt am Tresen befestigt. Der Besucher sitzt mitten im Geschehen und kann eines von 80 Bieren trinken, alle aus Israel, einige werden extra für den Beer Bazar gebraut, Biere aus anderen Ländern werden nicht verkauft.

Die nächsten Tage unserer Rundreise waren nicht weniger spannend. Denn die israelischen Brauer sind so unterschiedlich wie ihre Biere, die Bandbreite reicht vom medienaffinen Geschäftsmann bis hin zum bierbrauenden Hippie. Die Srigim Brauerei wird von zwei Heimkehrern betrieben, Ohad Ayalon und Ofer Ronen haben lange Jahre in den USA gelebt, bis sie zurückkehrten und ihre Brauerei in einer Siedlung aufbauten, aus der es neben gutem Bier auch noch Wein und Olivenöl gibt. Im Kibbuz Yehaim steht die Malka Brewery. Der Brauer Assaf Lavi hat als Heimbrauer angefangen, heute arbeitet er mit deutschen Maschinen, produziert 26 000 Liter Bier im Monat und exportiert sein Bier inzwischen auch in die USA. Das Absurde daran: Aufgrund der hohen Biersteuer in Israel werden die Biere in zehn

Kilometer Entfernung teurer verkauft als 10 000 Kilometer weiter westlich. Brauer Eric Salara interessiert das nicht, er geht alles etwas gelassener an und braut mit seiner Salara Brewery nur für seine eigenen zwei Lokale – eins befindet sich direkt neben der Brauerei, das andere in Haifa. Nur ab und zu macht er mal eine Ausnahme und bringt zwei Kisten zum Beer Bazar auf dem Carmel Market. Auch Ori Sagys Biere gibt es im Beer Bazar. Der ehemalige Pilot der israelischen Armee braut nur ausgefallene Biere, und das sehr erfolgreich. 2014 gewann Ori mit seinem Porter *Alexander Black* die Goldmedaille beim World Beer Cup.

Weil wir es leider nicht geschafft haben, ihn auf den Golanhöhen zu besuchen, setzte sich der Brauer der Golan Brewery kurzerhand drei Stunden ins Auto, um uns an unserem letzten Abend in Jerusalem zu treffen. Omri Zilberman hat sein Handwerk in Deutschland gelernt und dort 15 Jahre als Brauer gearbeitet, bis ihn ein Jobangebot schließlich zurück in die Heimat brachte. Mit seinem *Og Alon*, einem in Portweinfässern gereiften Doppelbock, bescherte er unserer Reise einen würdigen Abschluss.

Diese zwei Beispiele aus Ländern, die man nicht auf Anhieb mit einer spannenden Bierkultur verbindet, zeigen, was man alles erleben kann, wenn man mit offenen Augen durch die internationale Bierwelt geht.

EUROPA – TRADITION UND MODERNE

🔥 Europa ist biertechnisch betrachtet ein ziemlich bunt gemischter Haufen. Neben den klassischen Biernationen Belgien, Deutschland und England gibt es Länder wie Dänemark und Italien, in denen sich in kürzester Zeit eine unglaubliche Biervielfalt entwickelt hat. Obwohl oder vielleicht gerade weil sie auf keine lange Brautradition zurückblicken und so häufig unbefangener und offener an die Sache herangehen. Begünstigt wurde die Entwicklung auch durch den Import ausländischer Biere, durch den etwa die Dänen schon recht früh eine Idee von der Craft-Beer-Bewegung in den USA bekamen.

Mir gefällt dieser Mix, denn durch ihre Unterschiedlichkeit befruchten sich die Brauereien der verschiedenen Länder gegenseitig mit Ideen. Die einen nutzen die alten Rezepte der Nachbarn als Grundlage für ihre eigenen Kreationen. Die anderen legen durch einen Blick über den Tellerrand ihre Scheuklappen ab und bekommen Anregungen, Bier auch einmal ganz anders zu denken. Und alle zusammen profitieren von der Vielfalt und einer neuen Begeisterung für Bier.

Dieses Zusammenspiel führte zu einem wahren Brauerei-Gründungsboom in Europa. So gab es beispielsweise im Jahr 2000 noch 19 Brauereien in Dänemark, heute sind es über 100. Und auch unser kleiner Nachbar, die Schweiz, hat in Sachen Biervielfalt mächtig aufgeholt. Mit dem Wegfall des Bierkartells stieg die Anzahl der Brauereien kontinuierlich an – von 32 Brauereien im Jahr 1990 auf über 400 im Jahr 2014. Damit ist die Schweiz derzeit das Land mit den meisten Brauereien pro Einwohner.

Unser Nachbar Belgien blickt auf eine jahrhundertealte Biertradition zurück, die in den Klöstern des Landes ihren Anfang
nahm. Im 11. Jahrhundert wurde eine Abtei gegründet, die heute
den Namen Orval trägt. Es ist das älteste Kloster, in dem nach
wie vor gebraut wird. Die Mönche erlebten im Laufe der Jahre
turbulente Zeiten. Während der Französischen Revolution wurden die Klöster geplündert und niedergebrannt. Als Belgien im
Jahr 1830 seine Unabhängigkeit erklärte, bauten die Mönche ihre
Klöster und Brauereien wieder auf.

Während des Ersten Weltkriegs mussten die Brauer dann einen erneuten Rückschlag hinnehmen. Die deutschen Armeen
räumten die Brauereien leer, das Kupfer der Sudhäuser hatte es
ihnen angetan. Viele Brauereien mussten daraufhin schließen.
Alle anderen bekamen durch ein Gesetz, das im Jahr 1919 erlas-
sen wurde, Aufwind. Das «Vandervelde-Gesetz» verbot den Ausschank von Spirituosen in Bars und Cafés. Kurzerhand erhöhten
die Brauer den Alkoholgehalt ihrer Biere, um diese Angebotslü-
cke zu schließen. Es war der Anfang einer neuer Brautradition.

Die belgischen Brauer haben in den letzten Jahrzehnten an
ihrer vielfältigen Brautradition festgehalten wie sonst kein anderes Land. Dabei ist es nicht so, dass die internationale Vereinheitlichung vollkommen an Belgien vorbeigezogen wäre. Auch hier
sind Lager die meistverkauften Biere. Aber es gab immer eine
Gruppe von trotzigen Individualisten, die weiterhin gebraut haben, was ihnen gefiel. Und es gab die Mönche, die abgeschlossen
von der Außenwelt lebten und brauten. So wurden die belgischen
Biere zur Inspirationsquelle für viele Brauer auf der ganzen Welt,
insbesondere für die Craft Brewer in den USA.

Zu den bekanntesten und beliebtesten belgischen Bieren zählen die Trappistenbiere. Ein Trappistenbier muss in den Mauern
des Klosters von Mönchen oder zumindest unter deren Aufsicht
gebraut werden. Die Brauerei ist dem Kloster untergeordnet

und hat eine Unternehmensstruktur, die mit den klösterlichen Grundsätzen vereinbar ist. Die Brauerei darf nicht profitorientiert arbeiten. Die Trappistenmönche der Sint Sixtus Abtei Westvleteren brauen nur an 75 Tagen im Jahr und nie mehr als 5000 Hektoliter. Wer davon etwas abbekommen möchte, muss einen Termin vereinbaren, um sich das Bier direkt am Kloster abzuholen. Bei der Terminvereinbarung muss das Nummernschild des Autos genannt werden, mit dem man plant, das Bier abzuholen. Jeder Besucher bekommt maximal zwei Kisten.

Das Bier bekommt auf Bierbewertungsportalen regelmäßig die Höchstpunktzahl und wurde auch schon oft als bestes Bier der Welt gehandelt. Nun ja, das Bier ist großartig. Aber wenn ich es mit einem anderen Trappistenbier wie dem *Westmalle* oder dem *Rochefort* vergleiche, sind die Biere meiner Einschätzung nach ebenbürtig. Nur: Wer sich die Finger wund getippt hat, bis er am anderen Ende der Leitung in der Sint Sixtus Abtei endlich jemanden erreicht, sein Autokennzeichen hinterlegt und einen der begehrten Abholtermine bekommen hat, der dann einige Monate warten muss, bevor er schließlich die Reise in den äußersten Westen Belgiens auf sich nehmen kann, um am vereinbarten Tag zur vereinbarten Uhrzeit zwei Kisten Bier zu kaufen, der fühlt sich, als hätte er einen echten Schatz gehoben.

Auf eine Zeitreise begibt man sich, wenn man in Brüssel durch eine enge Gasse hindurchgeht und die Brauerei Cantillon betritt. Hier wird ein Bier gebraut, das zu den ältesten Sorten der Welt gehört, das Lambic. Die Biere sind wahre Schätze, aufwendig in der Herstellung und außergewöhnlich im Geschmack. Und kühl und dunkel gelagert können sie auch in 20 Jahren noch getrunken werden. Einmal im Jahr fährt ein LKW mit einer Ladung frischgepflückter Sauerkirschen vor der Brauerei vor. Dann ist Kriek-Zeit. Die Kirschen werden gemeinsam mit einem etwa 18 Monate alten Lambic in Eichen- oder Kastanienfässer gefüllt. Es kommt zu einer erneuten Gärung, ausgelöst durch die Mikroorganis-men, die sich in dem Lambic und auf den Schalen der Kirschen befinden. Sobald das Lambic genug Farbe und Geschmack von den Früchten angenommen hat, wird es von den Kirschen ge-trennt. Aus dem Lambic ist nun ein Kriek geworden. Die Hälfte des Krieks wird erneut mit einem Lambic verschnitten, wieder setzt eine Gärung ein, die Farbe und der Geschmack der Früchte nimmt dabei ab. Am Ende werden die beiden Kriek-Varianten zu-sammengefügt und in Flaschen abgefüllt.

Die Brauerei wurde 1900 von Paul Cantillon und seiner Frau Marie Troch gegründet, ist noch immer in Familienbesitz, und weder die Geräte noch die Methoden haben sich seitdem verän-dert. Hier wird gebraut wie vor über 100 Jahren, mit dem glei-chen Sudhaus und dem gleichen Brauverfahren. Und so ist es auch nicht verwunderlich, dass sich das offene Kühlschiff in tra-ditioneller Weise auf dem Dachboden der Brauerei befindet. Das alles beim Alten bleibt, dafür sorgt vor allem auch Jean-Pierre van Roy. Er ist seit über 40 Jahren der Cantillon-Brauer und gehört zu den traditionellen Lambic-Brauern. Aufgrund seiner handwerklich-traditionellen Art zu brauen gleicht keine Abfül-lung der anderen. Jedes Bier hat seinen ganz eigenen Charakter.

Neben Belgien und Deutschland ist Großbritannien das dritte Land im Bunde der traditionellen Biernationen. Die Briten sind seit dem 4. Jahrhundert eine Nation der Bierliebhaber. Zu der Zeit war in jedem Haushalt das Brauen genauso selbstverständ-lich wie das Backen. Beides lag vornehmlich in Frauenhand. Aber weil die einen besser backen und die anderen besser brauen konnten, wurde das Brauen schnell in kleinem kommerziellem Rahmen durchgeführt. Wenn das Bier fertig war, hängte die Brauerin ein Ale-Schild über die Haustür, und andere, die bes-ser buken als brauten, kamen und kauften ihr Bier. Schnell wurde daraus ein Treffpunkt des Ortes, die Leute verweilten, es war die Geburtsstunde des Ale House.

In etwas größerem Stil haben dann die Mönche mit dem Brauen begonnen, für sich und die vorbeikommenden Pilger. Es war der erste Schritt hin zu einer etwas professionelleren Bierherstellung. Die Mönche brauten ihr Bier mit verschiedenen Kräutern und Gewürzen, bis schließlich im 14. Jahrhundert der Hopfen vom europäischen Festland auf die Insel gebracht wurde. Fortan wurde zwischen «beer» (mit Hopfen gebraut) und «ale» (ohne Hopfen gebraut) unterschieden, wobei die Variante mit Hopfen sich immer größerer Beliebtheit erfreute. Eine Unterscheidung, die sich im Laufe der Zeit überlebt hat und die seit längerem nicht mehr gilt. Auch Ales werden inzwischen mit Hopfen gebraut. Heutzutage ist «Lager» die internationale Bezeichnung für untergärige Biere und «Ale» die für obergärige.

Nach der Reformation von König Henry VIII. wurden die britischen Klöster zerstört. Die Brauereien wurden fortan von «weltlichen» Brauern betrieben. Bier wurde zum täglichen Begleiter der Menschen. Zu Zeiten verunreinigter Brunnen und Flüsse war es eine sichere Nährstoff- und Flüssigkeitsquelle, sogar Babys wurden im Bier gebadet.

Einen tiefgreifenden Wandel erlebte Großbritannien mit der industriellen Revolution und der Privatisierung und intensiven Nutzung des Ackerlandes. Anstelle kleiner Gemeinden, in denen Familien zusammenarbeiteten, bildeten sich große Städte, in denen Tausende von Arbeitern auf engem Raum zusammenlebten. Die Brauereien, die bei den Arbeitern besonders beliebt waren, profitierten von der neuen Massenproduktion. Sie wuchsen schnell, optimierten ihren Produktionsprozess, unterboten kleinere Brauereien mit unschlagbar niedrigen Preisen und wuchsen immer weiter. Plötzlich war es für die Gasthäuser günstiger, Bier von der Brauerei zu kaufen, als es selber zu brauen.

Die industrielle Revolution und die Brauindustrie entwickelten sich Hand in Hand. Das Bier der industriellen Revolution war das Porter. Seinen Namen bekam das Bier von den Lastenträgern, die in den Londoner Häfen arbeiteten. Es war ein dunkles, vollmundiges Bier, dessen Qualität sich aufgrund der größeren, professionelleren Braustätten ständig verbesserte.

Eingedämmt wurde die Vorherrschaft des Porter schließlich vom India Pale Ale, dem starken, hopfenbetonten Bier für die durstigen Truppen der britischen Kolonien in Indien, das zunächst von der George Hudson's Brewery in London gebraut wurde. Nach einem Streit des Brauers mit der britischen Ostindien-Companie (der Handelsmacht zwischen England und den indischen Kolonien) wurde die Produktion kurzerhand in das kleine Hafenstädtchen Burton-on-Trent verlegt. Die Brauer dort sollten das Bier nachbrauen. Es passierte etwas, womit keiner gerechnet hatte: Das kopierte Bier übertraf das Original um Längen. Schuld war das kalzium- und sulfatreiche Wasser, das sich perfekt für den Bierstil eignete. Das kleine Städtchen Burton-on-Trent entwickelte sich zu einer der Braumetropolen des 19. Jahrhunderts.

Während das Lagerbier weltweit eine dominierende Stellung einnahm, blieben die Briten lange Zeit bei ihrem Ale. Die Briten tranken zwar viel Bier, aber das machten sie vor allem in den Pubs der Ale-Brauereien. Hinzu kam der Stolz der Briten, ging man doch davon aus, dass die eigenen Produkte immer besser waren als die ausländischen.

Schließlich gelang es den internationalen Braukonzernen Mitte der siebziger Jahre doch noch, das Lagerbier nach Großbritannien zu bringen, und es erfreute sich zunehmend größerer Beliebtheit. Ale-Biere wurden an den Rand gedrängt und fortan eigentlich nur noch von Bierenthusiasten wertgeschätzt. Parallel zu dieser Entwicklung fand eine zunehmende Konzentration auf dem Biermarkt statt. Einige wenige große Brauereien dominierten den Markt. Für sie zählte Effizienz mehr als Vielfalt. Sie entwickelten Standardbiere, die landesweit gebraut und überall angeboten wurden. Lokale Pubs wurden aufgekauft, die dazugehörigen Brauereien wurden geschlossen, und das Standardbier der Großen kam an den Zapfhahn.

Um dem zunehmenden Verlust der Geschmacksvielfalt britischer Biere durch hochindustrialisierte Herstellungstechniken Einhalt zu gebieten, gründeten vier Liebhaber der klassischen britischen Biere und Pubs bereits im Jahr 1971 die *Campaign for Real Ale*, kurz CAMRA, und setzten sich fortan für traditionell gebraute und gezapfte Biere und die althergebrachte Pubkultur ein. Es dauerte allerdings noch ein paar Jahre, bis sich wirklich etwas änderte.

Die Initialzündung für die britische Craft-Beer-Bewegung gab eine steuerrechtliche Änderung im Jahr 2002. Brauereien, die weniger als 5000 Hektoliter im Jahr produzieren, müssen seitdem nur noch 50 Prozent der geltenden Biersteuer zahlen. Seitdem wächst die Zahl der Brauereien, die sich wieder auf das traditionelle Brauhandwerk besinnen und dies mit Kreativität und Experimentierfreude paaren, rasant. Inzwischen gibt es in Großbritannien wieder über 1300 Brauereien, eine Anzahl, die zum letzten Mal in den dreißiger Jahren erreicht wurde. Parallel hierzu sinkt die getrunkene Biermenge. Ein Widerspruch? Keineswegs. Die Leute trinken lieber ein außergewöhnliches Bier als mehrere Flaschen langweiliges Industriebier.

Ryan Witter-Merithew ist einer der Brauer, die in England für diese außergewöhnlichen Biere verantwortlich sind. Der gebürtige US-Amerikaner entspricht optisch vollständig dem Klischee eines Craft Brewer. Er trägt einen langen Bart und ist tätowiert. Auf seinem einen Arm prunkt König Gambrinus, der inoffizielle Patron der Brauer, auf dem anderen eine Hopfendolde. Ryan arbeitet in der von Darron Anley 2012 gegründeten Brauerei Siren Craft Brew in Finchampstead, etwa eine Autostunde westlich von London. Darron ist eigentlich IT-Fachmann. Aber weil ihn die klassischen englischen Biere so gelangweilt haben, gründete er 2012 seine eigene Brauerei. Mit Ryans Unterstützung bringt er seitdem außergewöhnliche Biere auf den Markt, die die zwei Männer über die Grenzen Großbritanniens hinaus in der Craft-Beer-Szene bekannt gemacht haben. 2014 wurde ihre Brauerei vom Bierbewertungsportal Ratebeer zur zweitbesten Brauerei der Welt gekürt. Sie sind umtriebig, probieren immer wieder Neues aus und haben eine besondere Freude an Gemeinschaftssuden mit kreativen Brauern rund um den Erdball.

Bevor Ryan in England anheuerte, war er einige Jahre als Brauer in Dänemark, dem Craft-Beer-Vorreiter in Europa. Und das nicht nur, weil es in dem kleinen Land im Norden mit Brauereien wie Coisbo, Amager oder To Øl eine unglaubliche Vielfalt an Brauereien und Bieren gibt. Drum herum passiert auch unglaublich viel. Bierbars mit 20 Zapfhähnen und mehr sind keine Seltenheit, in der Top-Gastronomie gibt es nicht nur Spitzenweine, sondern auch eine beachtliche Anzahl an verschiedenen Bieren. Seit 2011 findet jedes Jahr die Copenhagen Beer Celebration statt. Die Eintrittskarten sind in kürzester Zeit ausverkauft, und noch bevor die Türen öffnen, bilden sich lange Schlangen. Es ist ein, wenn nicht *das* Treffen für Bierverrückte aus ganz Europa, mit jeder Menge Superlativen und Bierexperimenten.

Klassische Craft-Beer-Stile wie India Pale Ale und Pale Ale sind in Dänemark seltener als woanders zu finden. In den Regalen der Geschäfte gibt es schon seit längerem eine sehr beachtliche Auswahl an internationalen Kreativbieren, und seit einigen Jahren gesellen sich immer mehr nationale Köstlichkeiten dazu. Und in kaum einem anderen Land sind die Konsumenten so aktiv. Die dänischen Bierenthusiasten (*Danske Ølentusiaster*) trafen sich anfangs immer bei einem der Teilnehmer zu Hause und verkosteten gemeinsam Bier in kleiner Runde. Heute ist es ein Verein mit über 9000 Mitgliedern, der Festivals und Verkostungen organisiert. Der Däne Jan Bolvig hat unter seinem Ratebeer-Namen Fonefan schon über 39 000 Biere bewertet. Er gehört zu den Bierverrückten, die jedes neue Bier probieren, das ihnen in die Finger kommt, und ihre Eindrücke anschließend sofort mit anderen Bierliebhabern auf ratebeer.com teilen. Die Dänen sind mit Abstand die aktivsten in diesem Portal.

Die Bewertungen der sogenannten Beer Geeks kann einen nicht unbeachtlichen Einfluss darauf haben, welche Biere auch international erfolgreich sind. Mikkel Borg Bjergsø von Mikkeller, der bekannteste dänische Brauer, scheint sich dessen sehr bewusst zu sein. Immer wieder geht er mit einigen seiner Biere an die Grenze des Machbaren, und es scheint, als braue er manches Bier direkt für die Zielgruppe Beer Geek. Damit ist ihm ihre Aufmerksamkeit und Anerkennung und einhergehend eine internationale Verbreitung auf Ratebeer sicher. Sie feiern ihn für seine Experimentierfreude, selbst wenn das Bier einmal eher unter die Kategorie Interessant als unter die Kategorie Genuss fällt.

Neben Dänemark hat sich auch im Weinland Italien in den letzten Jahren ein regelrechter Bierboom entwickelt. Trotz stagnierender Wirtschaft entstehen stetig neue Brauereien. Die Brauer interpretieren Geschmack und Tradition völlig neu. Sie machen Bier *all'italiana*, indem sie lokale Zutaten wie mediterrane Kräuter oder Früchte verwenden, und das kommt an. Die Italiener wissen gutes Essen und gute Getränke zu schätzen, sie sind Genussmenschen. Und weil sie auf keine lange Biertradition zurückblicken, probieren sie völlig unvoreingenommen ein neues Bier. Daher sind Länder wie Italien auch das perfekte Brutgebiet für Biere fernab des Gewöhnlichen.

Einer der bekanntesten italienischen Brauer ist Teo Musso mit seiner Birra Baladin, in der er über 30 verschiedene Biere gebraut hat. Der Sohn eines Winzers eröffnete 1996 eine Gasthausbrauerei im kleinen Örtchen Piozzo. Die erste Brauanlage bastelte er sich mit einem belgischen Freund in einer Garage neben dem Gasthaus selbst zusammen. Die Kapazitäten waren schnell ausgeschöpft. Kurzerhand wurde ein alter Hühnerstall der Eltern umgebaut und mit einer 300 Meter langen, unterirdischen Leitung mit dem Sudhaus verbunden, über die die Würze in den neuen Gär- und Lagerkeller transportiert wurde. Einige Zeit später wurde die gesamte Produktion in den ehemaligen Stall verlegt; als auch dieser zu klein wurde, zog Birra Baladin in eine ehemalige Aluminiumfabrik um. Jetzt ist ausreichend Platz vorhanden, aber am nächsten Ziel wird schon kräftig gearbeitet. Die Brauerei soll irgendwann vollständig autonom laufen, vom Hopfen- und Getreideanbau bis zum Vertrieb. Bereits heute baut Teo Musso 85 Prozent seiner Rohstoffe selber an.

Teo ist ein sehr umtriebiger Kollege, der gerne experimentiert – mit den Rohstoffen oder mit der Braumethode. Die Entwicklung seines *Xyauyù* dauerte sieben Jahre. Die Herstellung ist aufwendig. Zunächst gärt und lagert eine sehr konzentrierte Würze für 40 Tage. Im Anschluss kommt das sogenannte Solera-Verfahren zum Einsatz. Eine Methode, die normalerweise zur Reifung von Sherry angewendet wird. Eichenfässer werden übereinandergestapelt. Aus der untersten Reihe wird etwa ein Drittel des Bieres abgefüllt. Im nächsten Schritt wird das unterste Fass mit Bier aus dem nächsthöheren Fass wieder aufgefüllt. Das wird so lange wiederholt, bis die oberste Reihe leer ist und mit frischem Bier aufgefüllt wird. Heraus kommt ein Bier im Stil eines Barley Wine ohne Kohlensäure und ohne Schaum, mit einem Alkoholgehalt von 14 Prozent, dessen Aromen eher an einen Wein als an ein klassisches Bier erinnern.

Die italienische Brauerei Amarcord wurde in den neunziger Jahren von einer Gruppe von bierverrückten Freunden in Rimini gegründet. Die Jungs wollten Bier brauen, dies in ihrer geliebten Heimat und zwar nach Möglichkeit nur mit heimischen Zutaten. Dass die Brauerei den gleichen Namen trägt wie Federico Fellinis oscarprämierte Liebeserklärung an seine Heimatstadt Rimini ist also kein Zufall, sondern eher ein Beweis für die Verbundenheit zur Region. Über Italiens Grenzen bekannt wurde Amarcord vor allem durch die Kooperation mit der Brooklyn Brewery. Mit Garrett Oliver, dem Braumeister der New Yorker Brauerei, hat Amarcord eine Sonderserie entwickelt. Ein Bier daraus ist das *Amarcord Riserva Speciale*, ein Strong Ale, das mit Honig und wilden Pflaumen und Kirschen gebraut wird, die in den Wäldern neben der Brauerei wachsen und im Frühjahr per Hand gepflückt werden. Anschließend reift das Bier neun Monate mit Champagnerhefe in der Flasche.

AUF EIN BIER MIT JAMES WATT VON BREWDOG

James gründete 2007 mit seinem Freund Martin Dickie die schottische Brauerei Brewdog. Die beiden provozieren gerne mit lauten Marketing-Kampagnen und abgefahrenen Bieren, und sie sind extrem erfolgreich, beschäftigen um die 300 Leute und sind gerade dabei, eine zweite Brauerei zu bauen.

OLLI: Ihr habt euer Bier am Anfang auf Wochenmärkten vom Lastwagen herab verkauft. Und jetzt seid ihr so ziemlich die berühmtesten Craft Brewer Europas mit einer Armada von Mitarbeitern – wie ist denn das passiert? Was ist der Hauptgrund dafür, dass ihr so groß geworden seid?

JAMES: 2007 haben Martin und ich uns an die Aufgabe gemacht, die Welt von fadem, einfallslosem Bier zu befreien. Und bis heute sind wir unserer Mission treu geblieben, die Leute mit unserer Begeisterung für Craft Beer anzustecken. Unsere Leidenschaft und der Wunsch, *Punk IPA* besser zu verkaufen als jedes andere Bier in der Welt, das hat uns groß gemacht. Aber letzten Endes ist natürlich die Qualität im Bierglas ausschlaggebend. Wir packen besonders viel Hopfen, Malz und Liebe in unsere Biere, und das merkt man eben. Wir haben keine Lust auf irgendwelchen Marketingquatsch, sondern stellen uns persönlich an die vorderste Front der Craft-Beer-Revolution.

OLLI: Ihr vertreibt eure Bierpalette sowohl in Europa als auch in den Vereinigten Staaten. Welcher Markt ist wichtiger für euch, wo müsst ihr euch mehr anstrengen?

JAMES: Wir achten sehr auf unsere ausländischen Märkte und geben uns wirklich viel Mühe, jedem einzelnen mit seinen Vorlieben gerecht zu werden. Das ist schließlich unsere Mission: unser Bier an die Leute zu bringen. Wir haben ein Wahnsinnsteam für den Export und die internationalen Bars, das unserem Craft Beer überall den Weg bahnt. Wir haben acht Bars außerhalb von Großbritannien und wollen noch mehr aufmachen. Unsere Bars im Ausland sind Leuchttürme der Craft-Beer-Kultur und helfen uns in den Ländern sehr – es ist irre produktiv, dass die Leute da unsere Biere kennenlernen und wir umgekehrt die lokalen Bierszenen.

OLLI: Gibt es Biere, die in bestimmten Märkten besonders gut laufen?

JAMES: Einer unserer ältesten und wichtigsten Exportmärkte ist Schweden und überhaupt Skandinavien. 2008 haben wir *Punk IPA* in Schweden in den Systembolaget gebracht, und jetzt ist es in Skandinavien das bestverkaufte IPA. Wir möchten es hinkriegen, dass *Punk IPA* überall das bestverkaufte ist. Inzwischen beliefern wir 55 Länder, und es werden ständig mehr.

OLLI: Ihr habt das stärkste Bier der Welt gebraut – wie seid ihr darauf gekommen?

JAMES: Es ist wohl kein Geheimnis, dass wir gerne Grenzen überschreiten und mit unseren Experimenten gängige Meinungen in Frage stellen, wie ein Bier zu sein hat. Wir haben uns gefragt: Können wir das stärkste Bier der Welt brauen? Können wir unter Wasser Bier brauen? Kriegen wir ein Bier hin, das bei 0,5 Prozent Alkohol immer noch so klasse schmeckt wie ein Bier mit mehr Prozenten? Die Antwort: Ja, können wir. *The End Of History* war unser 55-prozentiges Belgian Ale, das wir mit Brennnesseln aus den Highlands und Wacholderbeeren versetzt und ganz wunderbar in ausgestopfte Wiesel verpackt haben, es ist immer noch das Bier mit den meisten Clicks auf unserer Website. Wir möchten eben die Branche so richtig durchschütteln, sie auf den Kopf stellen. *The End Of History* und unsere anderen hochprozentigen Biere tun genau das, und sie schmecken unglaublich.

OLLI: Wie unterscheiden sich eurer Meinung nach die europäische und die US-Craft-Beer-Szene?

JAMES: Vorsichtig ausgedrückt gibt es schon einige Unterschiede, da spielen auch die unterschiedlichen Trinkkulturen eine Rolle. Von der Craft-Beer-Szene in den USA kann man wirklich was lernen, es gibt so viele Wahnsinnsbrauereien zu besichtigen, man kriegt phantastisches Bier zu trinken. Wir halten viel von dem, was sich in Europa und bei uns auf der Insel in Sachen Craft Beer tut. Es ist klar, dass die Szene sich hier noch entwickelt und wächst, und wir sind unglaublich stolz mitzumischen. Vor sieben Jahren haben wir ein Bier auf den Markt gebracht, wie es die Welt nicht kannte, *Punk IPA* hat eine Revolution in Gang gesetzt, damit hat alles angefangen. Es ist Wahnsinn, wie die Craft-Beer-Szene in Großbritannien und im übrigen Europa wächst und was für unglaubliche Biere man von begabten Brauern vorgesetzt bekommt.

OLLI: Wo in Europa ist die Craft-Beer-Szene am faszinierendsten und aus welchen Gründen?

JAMES: Die Craft-Beer-Szene ist an so vielen verschiedenen Orten im Aufwind, dass die Entscheidung schwerfällt. Wir haben unsere internationalen Bars in Italien, Spanien, Island und Schweden aufgemacht, alles Länder, in denen es tolle Neugründungen gibt. Wir sind ganz generell begeistert, dass in Europa zur Zeit so viel in Sachen Craft Beer geboten wird und wir Teil des Ganzen sind – vor allem, wenn wir mit anderen Spitzenbrauereien zusammen brauen können.

DIE VIELFALT EUROPAS

Wer sich gleich zu Hause auf eine virtuelle Reise durch die europäische Bierwelt machen möchte, kann dies hier tun. Das wird dann natürlich nur ein Kurztrip, da es wieder nur ein kleiner Ausschnitt ist. Weitere spannende Brauereien weltweit findet man am einfachsten mit Hilfe von Bierbewertungsportalen wie Ratebeer oder Beeradvocate.

BELGIEN

De Struise ❯ *www.struise.com*
3Fonteinen ❯ *www.3fonteinen.be*
Cantillon ❯ *www.cantillon.be*
Rodenbach ❯ *www.rodenbach.be*
Brassiere Dupont ❯ *www.brasserie-dupont.com*
Bosteels ❯ *www.bestbelgianspecialbeers.be*

Westvleteren ❯ *www.sintsixtus.be*
Boon Brewery ❯ *www.boon.be*
La Brasserie de blaugies.com ❯ *www.brasseriedeblaugies.com*

DÄNEMARK
To Øl ❯ *www.to-ol.dk*
Amager Bryghus ❯ *www.amagerbryghus.dk*
Coisbo ❯ *www.coisbo.com*
Midtfyns Bryghus ❯ *www.midtfyns-bryghus.dk*
Mikkeller ❯ *www.mikkeller.dk*

ENGLAND
Beavertown Brewery ❯ *www.beavertownbrewery.co.uk*
Magic Rock Brewing ❯ *www.magicrockbrewing.com*
Samuel Smiths Brewery ❯ *www.samuelsmithsbrewing.co.uk*
Fullers Brewery ❯ *www.fullers.co.uk*
Siren Craft Brew ❯ *www.sirencraftbrew.com*
The Kernel Brewery ❯ *www.thekernelbrewery.com*

ITALIEN
Amarcord ❯ *www.birraamarcord.it*
Birra del Borgo ❯ *www.birradelborgo.it*
Birrificio del Ducato ❯ *www.birrificiodelducato.net*
Toccalmatto ❯ *www.birratoccalmatto.com*
Birra Baladin ❯ *www.baladin.it*

ÖSTERREICH
Gusswerk ❯ *www.brauhaus-gusswerk.at*
Bierzauberei ❯ *www.bierzauberer.info*
Brew Age ❯ *www.brewage.at*
Hofstettner ❯ *www.hofstetten.at*
Kiesbye's Bierkulturhaus ❯ *www.bierkulturhaus.com*

SCHWEIZ

Brasserie Trois Dames ❯ *www.brasserie3dames.ch*

Brasserie des Franches-Montages (BFM) ❯ *www.brasseriebfm.ch*

Unser Bier ❯ *www.unser-bier.ch*

Doppellen ❯ *www.doppellen.ch*

Storm & Anchor Brewing Company ❯ *www.stormandanchor.ch*

USA – DER URSPRUNG DES CRAFT BEER

Als 1920 in den USA die Prohibition, also das Verbot, Alkohol herzustellen, zu vertreiben und zu verkaufen, verhängt wurde, gab es 1179 Brauereien im Land. Nachdem das Verbot 1932 wieder aufgehoben wurde, wuchs die Zahl der Brauereien aufgrund einer Vielzahl von Neugründungen bis 1935 immerhin wieder auf 703 an. Danach ging es eigentlich nur noch steil bergab.

Während die Brauereien in den nächsten 45 Jahren immer weniger wurden, stieg der Bierkonsum stetig an. Im Jahr 1978 waren noch 89 Brauereien übrig, im Besitz von weniger als 50 Braukonzernen. Fortschritte in der Kühltechnik und der Ausbau der Bundesstraßen ermöglichte es den großen Brauereien, ihr Bier überallhin zu bringen. Durch ihre Größe waren sie in der Lage, Rohstoffe wesentlich günstiger einzukaufen als ihre lokalen Konkurrenten. Mit groß angelegten Werbekampagnen trieben sie ihren Bierabsatz nach oben. Dem Kunden wurde suggeriert, dass es keinen Sinn mache, das lokale Bier zu trinken, wenn es doch auch ein Bier gab, das man überall im Land trinken konnte, das überall die gleiche Qualität und den gleichen Geschmack hatte und das dazu noch billiger war. Die großen Brauereien gewannen die Überhand und dominieren seitdem den Markt.

Aber nicht alle Amerikaner wollten sich mit dem Lagerbier zufriedengeben, sie begannen Anfang der achtziger Jahre zu Hause ihr eigenes Bier zu brauen. Damals schauten sie nach Europa und entwickelten ihre Biere auf Grundlage traditioneller europäischer Bierstile.

Fritz Maytag stieg einige Jahre zuvor gleich eine Nummer größer ein. Nach seinem Stanford-Abschluss kaufte er 1964 Anchor Brewing & Co. in San Francisco, als die Brauerei pleitezugehen drohte.

Auch Ken Grossman und Charlie Papazian hatten genug von der Einheitsplörre und begannen, zu Hause ihr eigenes Bier zu brauen. Sie fingen an, in ihren Garagen mit Malz- und Hopfensorten zu experimentieren, und brauten charakterstarke Biere in kleinen Auflagen. Das war möglich geworden, nachdem Jimmy Carter 1979 das Heimbrauen legalisiert hatte.

Charlie Papazian ist heute der unbestrittene Godfather des Homebrewing. Er hat sich mit zahlreichen Standardwerken zum Heimbrauen einen Namen gemacht, hat das größte Craft-Beer-Festival und den größten Brauereiverband des Landes gegründet und auch noch den international renommierten «World Beer Cup» ins Leben gerufen.

Ken ist heute Besitzer der zweitgrößten US-amerikanischen Craft Brewery, der Sierra Nevada Brewing Co., und das Vorbild vieler junger Brauer. Ich hatte das Glück, während meiner Zeit in den USA mit ihm zusammenzuarbeiten, und auch mich hat er nachhaltig beeindruckt. Und das nicht nur, weil er exzellente Biere auf höchstem Niveau braut. Sondern auch wegen der Art, wie er mit seinen Mitarbeitern, Kunden, den natürlichen Ressourcen und der Umwelt umgeht. Ken denkt immer einen Schritt voraus. Er ist ein konzentrierter Zuhörer, ein messerscharfer Analytiker und ein phantastischer Visionär. Er wollte von Beginn an besondere Biere brauen, aber genauso lag ihm die Umwelt am Herzen. Ihm war bewusst, dass der Ressourcenverbrauch bei der Bierherstellung sehr hoch ist, und so setzte er von Beginn an auf eine nachhaltige Produktion. Je größer seine Brauerei wurde, desto mehr investierte er in ressourcensparende Technologie. Heute besitzt Ken die mit Abstand umweltfreundlichste Brauerei. So werden beispielsweise mit einer der größten Solaranlagen des

Landes und einer brauereieigenen Wasserstoffbrennzelle 60 Prozent der benötigten Energie direkt auf dem eigenen Gelände generiert, und in der brauereieigenen Kompostieranlage wird der organische Müll aus der Brauerei und dem Restaurant zu 100 Prozent kompostiert. Der Kompost wird für die eigenen Malz- und Hopfenplantagen und im Garten des Restaurants genutzt.

Aber zurück zu den Anfängen. Im Jahr 1990 war die Zahl der Brauereien bereits deutlich angewachsen, und ein Ende war nicht in Sicht. Eher das Gegenteil war der Fall. Gab es 1990 noch 284 sogenannte «Microbreweries», also Brauereien, die weniger als 16 500 Hektoliter brauten, waren es nur zehn Jahre später bereits 1700. Knapp zwei Drittel davon waren Gasthausbrauereien oder so klein, dass sie nur für ein einziges Restaurant brauten. Es entstanden Biere, die es in den USA so vorher noch nicht gab, sie sahen anders aus, rochen anders und schmeckten anders als das, was die amerikanischen Biertrinker jahrelang gewohnt waren.

Aber nicht nur ihre Biere waren anders. Auch die Einstellung zum Produkt unterschied sich grundlegend. Während es bei den Großen immer nur um Wachstum und Profit ging, waren die kleinen Brauer Enthusiasten, die nichts anders im Kopf hatten, als einfach nur gutes Bier zu brauen. Die mit ihren Biere polarisierten. «Als ich begann, mein Bier zu verkaufen, haben es 90 Prozent gehasst. Aber die 10 Prozent, die es liebten, waren verrückt danach», erzählte Ken einmal. Für ihn war das eine wunderbare Motivation weiterzumachen. Seine Brauerei war eine von denen, die relativ zügig aus der «Micro»-Größe herauswuchsen. Mit «Craft» tauchte ein neuer Begriff auf, er definierte fortan Brauereien, die unabhängig von Konzernen in kleinen Mengen und auf traditionelle Weise charakterstarke Biere brauten.

Der Kreativität der Brauer waren keine Grenzen gesetzt, und diejenigen unter ihnen, die in der Welt schon ein wenig herumgekommen waren – Flugreisen waren für die breitere Masse bezahlbarer geworden –, kamen mit spannenden Bierstilen im Gepäck zurück in die USA. Einer von ihnen war der US-amerikanische Heimbrauer Jeff Lebesch. Er machte sich Anfang der neunziger Jahre auf den Weg nach Europa und durchquerte Belgien mit dem Fahrrad. Anschließend kehrte er mit jeder Menge spannender Rezepte und einigen Zutaten im Gepäck zurück nach Fort Collins, Colorado, und gründete zusammen mit seiner Frau Kim Jordan die New Belgium Brewing Company. In Erinnerung an die Fahrradtour bekam das erste Bier den Namen *Fat Tire*. Die Verbundenheit zu Belgien besteht bis heute. Immer wieder fahren Mitarbeiter der Brauerei dorthin und lassen sich von der jahrhundertealten Brautradition der Mönche inspirieren.

Die Brauer der jungen Szene lernten in einer beeindruckenden Geschwindigkeit. Begonnen hatten sie als Autodidakten, die sich das Brauen am eigenen Kochtopf selbst beibrachten. Der nächste Schritt war eine kleine Brauanlage, häufig selbstgebaut, nicht selten in einer Garage untergebracht. Dabei gelang es ihnen, ihr Wissen und ihre Technologie und damit die Qualität der Biere kontinuierlich zu verbessern. Aber damit allein war es noch nicht getan. Schließlich mussten auch die Konsumenten noch von den neuen Bieren überzeugt werden. Es gab einige neue Brauer, die mit ihrem Auftreten in der Öffentlichkeit nicht nur den eigenen Bieren, sondern der ganzen Szene gutgetan haben.

Garrett Oliver ist so einer. Er ist noch immer viel unterwegs und begeistert äußerst charmant die Teilnehmer seiner Verkostungen für spannende Biere. Garrett hat schon einige Fachbücher geschrieben und gehört zu den Köpfen, die die Szene in der Öffentlichkeit repräsentieren. Er ist der Brauer der Brooklyn Brewery, die der Journalist Steve Hindy in den achtziger Jahren gründete. Zu dem Zeitpunkt schien die Idee, eine Brauerei zu eröffnen, genauso verrückt, wie in einen so heruntergekommenen Stadtteil wie Williamsburg/Brooklyn zu investieren.

Heute brummt die Brauerei, Williamsburg gehört zu den angesagtesten Stadtteilen New Yorks, und Craft Beer ist flächendeckend in den USA angekommen. In jedem 24-Stunden-Shop gibt es eine Auswahl an kreativen Bieren, im Supermarkt sowieso, in Bars, Kneipen und Restaurants gehört eine Bierauswahl inzwischen genauso dazu wie eine Weinkarte. Und es gibt jede Menge bierverrückte Konsumenten, die für ein gutes Bier einiges in Kauf nehmen. Mein Job brachte mich einmal zur Brauerei Hill Farmstead. Ich brauchte drei Stunden, um von Boston nach Greensboro Bend, dem Standort der Brauerei, zu fahren. Die nächste nennenswerte Stadt war rund eine Stunde entfernt. Aber als ich auf den Hof der Brauerei fuhr, sah ich dort eine Gruppe von Leuten stehen. Sie warteten auf die Öffnung des Bottle Shop. «Das ist noch gar nichts», war die Antwort des Brauers, Shaun Hill, als ich meine Verwunderung zum Ausdruck brachte, «am Wochenende warten hier gerne einmal 100 Leute geduldig, um in den Shop zu kommen.»

Vermehrt versuchen nun auch die Großen im Craft-Beer-Markt mitzumischen. Bereits 1995 brachte der Brauriese Miller-Coors Blue Moon auf den Markt und bewarb es als Craft Beer. Eine Tatsache, die einem Verbraucher gar nicht gefiel. Er fühlte sich getäuscht und klagte. Seine Argumentation: Er habe das Bier viele Male gekauft, immer in der Annahme, es sei Craft Beer, so wie es auch auf dem Etikett steht und beworben wird. Also, nach der Definition der amerikanischen Brewers Association, ein charakterstarkes Bier, das in kleinen Mengen auf traditionelle Weise von einer konzernunabhängigen Brauerei gebraut wird. Tatsächlich wird Blue Moon in den Industriebrauereien von MillerCoors gebraut. Das Urteil des Prozesses steht noch aus.

Im Januar 2015 ging ein Aufschrei durch die Craft-Beer-Szene, als der internationale Braukonzern Anheuser Busch InBev (AB InBev) mit Elysian Brewing die vierte Craft Brewery in vier Jahren übernahm. Beide Seiten versicherten, dass in der Brauerei alles so bleiben würde, wie es ist. Ob das tatsächlich der Fall ist, bleibt abzuwarten. Kunden waren entsetzt und kehrten der Brauerei mit dem Argument «Wir unterstützen doch nicht AB InBev» den Rücken.

Die Entwicklung der letzten Jahrzehnte ist wirklich beeindruckend. Innerhalb von 30 Jahren haben sich die USA vom Einsorten-Bierland zur Heimat der größten, vielfältigsten und dynamischsten Bierkultur entwickelt. In den letzten zehn Jahren haben die kreativen Brauer ihren Marktanteil verdreifacht, 2014 gab es 3464 Brauereien in den USA. Der Boom hat jede Menge neue kleine Brauereien mit sich gebracht, die in einen zunehmend gesättigten Markt eintreten. Jetzt ist es entscheidend, dass die Brauereien sich nicht von dem zunehmenden Konkurrenzdruck das zerstören lassen, was die Szene ausmacht, nämlich die Gemeinschaft.

Als ich auf meiner ersten Craft Brewers Conference war, hatte ich das Gefühl, ich sei auf einem Familientreffen gelandet, nur eben mit 2000 Leuten. Die Brauer tauschen sich aus, brauen zusammen, sie sind offen und jederzeit bereit, ihre Erfahrungen zu teilen und sich gegenseitig zu unterstützen. Als die Russian River Brewing Company 2014 aus allen Nähten platzte und ein neues Sudhaus installiert werden musste, wurde ihr *Pliny the Elder* kurzerhand bei der Firestone Walker Brewing Company gebraut – nicht zuletzt auch um sich gegen die großen internationalen Braukonzerne zu positionieren. Das Beispiel zeigt: Auch wenn die Konkurrenz spürbarer geworden ist, die Mehrheit der Brauereien ist nach wie vor darum bemüht zusammenzuarbeiten.

AUF EIN BIER MIT KEN GROSSMAN VON DER SIERRA NEVADA BREWING COMPANY

Ken ist einer der Pioniere der Craft-Beer-Szene in den USA. In der Garage begonnen, besitzt er heute nicht nur die zweitgrößte Craft Brewery der USA, sondern auch mit Abstand die umweltfreundlichste.

OLLI: Ken, deine Brauerei ist ja schon Legende. Die deutschen Craft-Beer-Brauer stecken noch total in den Kinderschuhen. Du kannst uns sicher gute Ratschläge geben.

KEN: Obwohl Deutschland eine so reiche Brauereitradition hat, ist die Branche den gleichen Weg gegangen wie in den USA, die Biere ähnelten sich immer mehr. Und der Weg aus dem Tal ähnelt ebenfalls sehr dem, was in Amerika in den siebziger Jahren passiert ist, als das Publikum in vielen Lebensbereichen verstärkt nach Authentizität und Abwechslung suchte, vor allem, was Essen und Trinken betraf. Die Craft-Beer-Bewegung ist groß geworden, weil sie dem Konsumenten die persönliche Verbindung und Bandbreite bietet, die dieser immer mehr erwartet. Um diese Erfolgsgeschichte fortzusetzen und auszubauen, müssen Craft-Beer-Brauer ihr Ohr am Konsumenten haben und die wachsende Neugier einer neuen Generation von Biertrinkern reizen und erfüllen.

OLLI: Du bist ja einer der Pioniere der amerikanischen Craft-Beer-Bewegung. Wie hat sich in deinen Augen der Markt dafür in den letzten 35 Jahren verändert?

KEN: Als ich angefangen habe, wusste niemand viel übers Brauen, von einer Bandbreite wie heute konnte keine Rede sein. In den ersten Jahren mussten wir die Kunden mühsam erziehen und uns unseren Markt selbst schaffen. Heute hat der Konsument mehr

Ahnung und ist bereit wie nie zuvor, allen möglichen Sorten Bier eine Chance zu geben.

OLLI: Als du Bierbrauer wurdest, war die Branche klein und ziemlich langweilig. Heute gibt es nirgends auf der Welt eine so kreative und vielfältige Craft-Beer-Szene wie in den USA – macht das Neugründungen nun leichter oder schwerer?

KEN: Die Schwelle zur eigenen Brauereigründung ist heute viel niedriger; man kriegt ohne Probleme alles, was es dazu braucht, und es gibt zu dem Thema so viele Bücher, Kurse und Informationsquellen.

OLLI: Früher war die Szene überschaubar; jeder kannte jeden, jeder hat jedem geholfen, man hat sich ausgetauscht. Heute gibt es mindestens 3500 Brauer. Wie will man da den «Spirit» am Leben halten?

KEN: Generell ist das Klima immer noch ein sehr freundschaftliches, aber es zeigen sich schon gewisse Spannungen und Brüche. Es wird eng in den Regalen der Händler, und manche Neulinge werden mehr vom finanziellen Interesse angetrieben als von der Leidenschaft für Spitzenbiere. Das ist schon ein Problem für die Branche. Manches ist sicher nicht mehr so schön, und ich muss leider einige ungute Entwicklungen in unserem kleinen Marktsegment beobachten, aber das ist nun mal der Lauf der Dinge, man kann nicht viel dagegen tun.

OLLI: Worin unterscheidet sich die Craft-Beer-Szene in den USA und in Deutschland?

KEN: Wenn ich es auf meinen vielen Reisen nach Deutschland richtig mitbekommen habe, hat das amerikanische Publikum weniger strikte Vorstellungen, was Essen und Bier betrifft; es ist wahrscheinlich offener für Experimente beim Trinken. Ich denke, in beiden Ländern ist die junge Generation zweifellos experimentierfreudiger und offener für neue Ideen in Sachen Craft Beer. Die Szene in Deutschland hinkt der amerikanischen derzeit um vielleicht zwanzig Jahre hinterher, aber wahrscheinlich wird sie bald aufholen.

OLLI: Immer mehr Craft-Beer-Produzenten werden von großen Brauereikonzernen geschluckt. Wie denkst du darüber? Was hat das für Konsequenzen für den amerikanischen Craft-Beer-Markt?

KEN: Die Branche entwickelt sich weiter, manche Akteure gehen in den Ruhestand, da ist das unausweichlich. Der Markt hat sich schon insofern verändert, als die Grenze zwischen «echtem» Craft Beer und Industriemarken wie Shock Top und Blue Moon zusehends verschwimmt. Seitdem Craft-Brauereien wie Goose Island, 10 BBL und Elysian von Anheuser Busch aufgekauft wurden, ist es für den Käufer noch schwerer durchzublicken. Die Konzerne agieren sehr aggressiv und ergänzen ihre Portfolios systematisch in diese Richtung, um die Verwirrung zu fördern.

OLLI: Ich habe zum Schluss eine persönliche Frage: Wir kennen uns schon einige Jahre, und du scheinst mir, egal wo du bist – umgeben von Biernerds auf der Craft Brewers Conference, unter Hochdruck in der Brauerei arbeitend, vor wichtigen Entscheidungen oder bei dir zu Hause –, immer ruhig und entspannt zu sein. Wie schaffst du das? Kann dich denn gar nichts aus der Ruhe bringen?

KEN: Ich sehe vielleicht ruhig und entspannt aus, aber ich bin es eigentlich selten. Ich mache den Job lange genug, um zu wissen, dass man sich nur noch mehr Stress macht, wenn man immer gleich ausflippt. Wenn man versucht, die Dinge, die man beeinflussen kann, in Ruhe zu analysieren und anzugehen, ist das besser, als emotional oder gar irrational zu reagieren.

DIE VIELFALT DER USA

Wer sich nach der Europa-Reise erneut auf eine virtuelle Reise durch die Bierwelt machen möchte, hat hier einen kleinen USA-Reiseführer. Bei über 3000 Brauereien kann dies aber wieder nur eine kleine Auswahl dessen sein, was die USA zu bieten haben.

Sierra Nevada Brewing Company ❯ www.sierranevada.com
Russian River Brewing ❯ www.russianriverbrewing.com
Firestone Walker Brewing Co ❯ www.firestonebeer.com
Deschutes Brewery ❯ www.deschutesbrewery.com
Green Flash Brewing Company ❯ www.greenflashbrew.com
Hill Farmstead Brewery ❯ www.hillfarmstead.com
New Glarus Brewing Co. ❯ www.newglarusbrewing.com
Oskar Blues ❯ www.oskarblues.com
Three Floyds ❯ www.3floyds.com
Brooklyn Brewery ❯ www.brooklynbrewery.com
Dogfish Head Craft Brewery ❯ www.dogfish.com
New Belgium Brewing Company ❯ www.newbelgium.com
Ninkasi Brewing ❯ www.ninkasibrewing.com

4.

NEUE DEUTSCHE BIER(SUB)-KULTUR

DIE BIERSZENE
IM WANDEL

◊ Mit einem Koffer voller Bier zu fliegen, ist immer wieder aufs Neue eine Herausforderung, schließlich sollen die Flaschen unversehrt ankommen. Aber hätte ich diese Herausforderung nicht angenommen, hätte es viele enttäuschte Gesichter gegeben. Als wir noch in den USA lebten, war ich beruflich immer wieder in Deutschland. Sehr zur Freude einiger Freunde, die ich bereits mit meiner Bierbegeisterung angesteckt hatte. Gespannt warteten sie auf neue Geschmackserlebnisse aus der Flasche. Einer dieser neuen Bierenthusiasten hatte dem Bier eigentlich schon lange den Rücken gekehrt, ihm war der Einheitsgeschmack zu langweilig, daher trank er lieber Wein. Bis er die Vielfalt entdeckte. Mehr als einmal hörte ich den augenzwinkernden Vorwurf von Freunden, ich hätte sie «verdorben». Denn fortan wollten sie sich nicht mehr mit dem langweiligen Bier aus dem Supermarkt zufriedengeben.

Und irgendwann bekam ich dann die Nachricht: «Es gibt in Hamburg einen Laden mit einer tollen Auswahl an kreativen Bieren. Und da ist ein Deutscher, der IPAs braut – *Fritzale* heißt das, benannt nach dem Brauer Fritz Wülfing.» Sein India Pale Ale war das erste deutsche IPA, das ich getrunken habe. Fritz ist einer der Pioniere der neuen deutschen Braukultur. Freilich sagt Fritz – er ist ein sehr unaufgeregter, uneitler und entspannter Zeitgenosse –, es hätte schon einige andere vor ihm gegeben, die Bier neu gedacht haben. Peter Esser zum Beispiel mit seiner Kölner Braustelle, der schon 2002 Biere mit ungewöhnlichen Zutaten wie Hibiskusblüten oder Rosmarin braute. 2010 gesellte sich

Sebastian Sauer zu dem Kölner Brauer, das Projekt Freigeist Bierkultur wurde ins Leben gerufen, und fortan kreierten die zwei spannende Rezepte, meist auf Grundlage historischer Biere. Etwa zeitgleich braute Thomas Wachno mit seinem *Hopfenstopfer Jahrgangsbier* eines der ersten hopfenstarken Biere in Deutschland.

Der erste Konzern, der auf die Neuerungen in der Bierwelt aufmerksam wurde, war die Radeberger Gruppe. Sie gründete 2010 Braufactum, holte sich mit der Brooklyn Brewery und Firestone Walker zwei Größen der US-amerikanischen Craft-Beer-Bewegung in ihr Portfolio und vertreibt diese seitdem gemeinsam mit ihren eigenen Kreationen und Bieren aus Großbritannien, Belgien und Italien. Hierfür versorgt Braufactum Händler in ganz Deutschland mit schicken schwarzen Kühlschränken, bietet in der Gastronomie Verkostungen an und brachte so mit den Möglichkeiten eines großen Marketingbudgets das Thema kreative Biere einer breiteren Öffentlichkeit näher.

Aber es gibt auch ein paar Jungs, die der Entwicklung um Jahre voraus waren. Vermutlich waren sie sogar zu früh dran. Drei meiner Kommilitonen gründeten Mitte der Neunziger parallel zum Studium die Berlin Bier Company. Das waren Enthusiasten, denen schon damals das Licht aufging, das Bier so viel mehr kann. Sie experimentierten auf ihrer kleinen Anlage, holten sich Tipps von der Homebrewers Association in den USA und brauten, was ihnen gefiel. Heraus kam schließlich ein Hanfbier. Aber kaum war es auf dem Markt, hatten sie auch schon ein Gerichtsverfahren am Hals. Hanf ist zwar eine natürliche, artverwandte Pflanze des Hopfens, aber der Deutsche Brauerbund reichte dennoch Klage ein, denn ein in Deutschland mit Hanf gebrautes Bier darf nach dem vorläufigen Biergesetz von 1993 in Deutschland nicht als Bier verkauft werden. *Turn* gibt es noch immer, es wurde zeitweise in der Schweiz gebraut, in der kreativen Bierszene taucht es aber quasi nicht auf. Einer der drei Bier-Company-Gründer braucht inzwischen keine Rücksicht mehr zu nehmen auf das deutsche Reinheitsgebot. Er lebt in Chile und braut spannende Biere für die Cerveceria Kross.

Ich habe die Biere der Jungs gerne getrunken, aber eine Initialzündung, etwas Neues, anderes zu brauen, kam mir damals noch nicht. Ich musste zunächst einmal einige Jahre durch die Welt ziehen, bis ich schließlich in den USA landete, die Vielfalt entdeckte und mich entschloss, den Traum einer eigenen Brauerei in Hamburg Wirklichkeit werden zu lassen. Am 11.11.2011 unterschrieb ich mit Freunden eine Gründungserklärung – der erste Schritt zur Entstehung der Kehrwieder Kreativbrauerei war getan. Im Juli 2012 ließen wir dann das angenehme Leben im Sonnenstaat Florida hinter uns und starteten im Heimathafen Hamburg noch einmal ganz von vorn.

Das war keine leichte Entscheidung, bei manchen Menschen sorgte sie auch nur für ungläubiges Kopfschütteln, begleitet von der Frage nach dem Warum – warum die Sicherheit eines festen Einkommens, schicke Autos, Haus und Pool in Florida eintauschen gegen das Hamburger Schietwetter und eine unsichere Zukunft? Die Antwort ist einfach: Um den Traum zu leben. Den Traum von einer eigenen Brauerei in meiner Heimatstadt Hamburg und die Freiheit, nur das tun zu müssen, was mir Spaß macht.

Wir machten uns auf die Suche nach einem Standort. Gemeinsam mit einem Freund, der ebenfalls ein kleines Sudhaus gebrauchen konnte, konzipierte ich zwei Fünf-Hektoliter-Brauanlagen. Die «Schwesteranlage» steht inzwischen im australischen Queensland. Denn auch Brauerkollege Bertl hat sich mit seiner Familie einen Traum erfüllt – mit seiner Baffle Beer Brewery in Australien. Wer hätte gedacht, dass Auswandern und den eigenen Sudkessel ans Laufen zu bringen schneller geht als zurückzukehren und in der Heimat etwas aufzubauen?

Die Suche nach einer geeigneten Halle gestaltete sich schwieriger als gedacht. Daher fingen wir parallel zur Immobiliensuche bei befreundeten Brauereien mit dem Brauen an.

Zu dem Zeitpunkt war es kreativbiertechnisch noch relativ ruhig in Deutschland, die kreativen Brauer ließen sich an einer Hand abzählen. Es war eine kleine, intime und überschaubare Szene, hier und da gab es die ersten Veranstaltungen mit kreativen Bieren, vereinzelt gab es Gastronomen, die sich für neue Biergeschmäcker begeistern konnten, verkauft wurden die Biere nur in kleinen Fachgeschäften.

Inzwischen hat sich das grundlegend geändert, und zwar in einer rasanten Geschwindigkeit. Es wird sogar schon von der ersten und zweiten Generation gesprochen. Es entstehen viele kleine neue Brauprojekte, die Experimente wagen, vergessene Rezepturen und Verfahren wiederbeleben, manche auch außerhalb des sogenannten Reinheitsgebots. Und ganz im Geiste der US-amerikanischen Craft-Beer-Bewegung entscheidet sich mancher Heimbrauer, den Schritt in die Selbständigkeit zu wagen. Auch die mittelständischen und großen Brauereien haben begonnen, sich mit dem Thema kreative Biervielfalt auseinanderzusetzen.

Und auch in der Gastronomie und im Handel gibt es immer mehr Überzeugungstäter, die sich mit dem Thema Biervielfalt auseinandersetzen. Das dies aber viel mehr ist als nur der Trend in einer Metropole, beweist Knut Rönelt mit seiner Bar Knuts Mixbecher im niedersächsischen Uelzen. Er hat bereits vor einigen Jahren erkannt, dass kreative Biere eine wunderbare Ergänzung zu Cocktails sind. Inzwischen führt Knut über 30 verschiedene kreative Biere und weiß nicht mehr, ob er nun Inhaber einer Cocktail Bar ist, in der es auch Craft Beer gibt, oder einer Craft Beer Bar, die auch Cocktails anbietet.

Die mediale Aufmerksamkeit ist groß, es wird viel über die neue deutsche Bierszene berichtet, immer mehr Gastronomen lassen sich auf die spannende Vielfalt ein, und inzwischen ist Kreativbier auch im Supermarkt zu haben. Und wenn ein kreativer Brauer die zahlreichen Veranstaltungseinladungen rund um Genuss, Essen und Getränke alle annehmen würde, wäre er quasi jedes Wochenende unterwegs, um sein Bier zu präsentieren.

Aber trotz der rasanten Entwicklung hinkt Deutschland den USA in Sachen kreativer Biervielfalt um Jahrzehnte hinterher. Der Leidensdruck hierzulande war nicht so stark wie in den USA, wo der Markt nur noch von zwei großen Brauereien bestimmt wurde. Denn auch wenn in Deutschland im Laufe der Jahre viele Brauereien geschlossen wurden und ein erbitterter Preiskampf zu Einsparungszwängen und Gleichmacherei geführt hat, gab es sie immer noch: die Brauereien, die handwerklich gut gemachte, schmackhafte Biere brauten. Aber das ist nur ein Grund, warum Deutschland in Sachen kreativer Bierszene zu den Nachzüglern gehört. Schuld ist sicher auch eine gewisse Arroganz, die wir deutschen Brauer an den Tag gelegt haben. Deutsches Brauhandwerk hat weltweit einen einzigartigen Ruf – warum sollte man da also etwas ändern? Hinzu kommt, dass die großen Braukonzerne ihre Marktposition jahrelang mit strengen Schank- und Lieferverträgen manifestiert haben. Oftmals gehört der Brauerei auch noch die Immobilie. Steckt ein Gastronom in einer solchen Abhängigkeit, ist es sehr schwer für ihn, sein Getränkeportfolio mit kreativen Bieren zu erweitern. In den USA ist dies undenkbar, denn dort herrscht das sogenannte *Three Tier*-System – per Gesetz werden Verflechtungen zwischen Brauereien und Groß- und Einzelhändlern untersagt. Das Gesetz sorgt dafür, dass Einflussnahme in Form von Brauereigebundenheit oder Lieferverträgen nicht möglich ist. Damit haben es die kleinen kreativen US-Brauer weitaus leichter, sich am Markt zu etablieren. Weil der Händler völlig frei über die Produkte entscheiden kann, in denen er das meiste Potenzial sieht.

Dass sich die kreative Bierszene in Deutschland nun trotz des Gegenwinds positiv entwickelt, liegt daran, dass es inzwischen genug Konsumenten gibt, die Wert darauf legen, was sie essen oder trinken und wo es herkommt. Sie setzen sich mit den Genussmöglichkeiten der Biere auseinander und sind bereit, für ein besonderes Geschmackserlebnis einen angemessenen Preis zu zahlen.

Ich habe privat und als Brauer oder Biersommelier schon viele Menschen getroffen, die zum ersten Mal ein kreatives Bier getrunken haben, bei denen der Funke sofort übergesprungen ist und die dann bei ihren Einzelhändlern oder Gastronomen nach anderen, besonderen Bier gefragt haben. Und immer mehr Gastronomen und Einzelhändler erkennen, dass man sich von der Konkurrenz abheben kann, wenn man seinen Kunden eine entsprechende Biervielfalt anbietet.

KREATIVBIER – EINE DEFINITION ODER WARUM DER BEGRIFF CRAFT BEER NICHT NACH DEUTSCHLAND PASST

⬦ Bei kreativen Bieren geht es um Hingabe, Begeisterung, Herzblut. Es geht um geschmacksintensive Biere, um Biere von unabhängigen Brauern. Um Biere von authentischen Charaktertypen, die Kreatives und Neues wagen oder mit Liebe alte Rezepte wiederbeleben, die kein Mainstream-Bier produzieren, sondern nur Biere, für die sie selbst brennen. Die Biere werden handwerklich und mit einer reichhaltigen Menge an natürlichen Rohstoffen produziert.

Diese Biere sind anders, sie krempeln die deutsche Bierwelt um. Daher musste ein Begriff zur Abgrenzung zu den Massenbieren her. Die Medien brauchten etwas, um die Bewegung beim Namen zu nennen, die Brauer wollten irgendwie zum Ausdruck bringen, dass ihre Biere anders sind als das, was die Konsumenten bisher aus dem Supermarktregal gewohnt waren. Kurzerhand wurde der US-amerikanische Begriff «Craft Beer» übernommen, gerne wird auch die halbdeutsche Variante «Craft Bier» benutzt. Inzwischen sind die Begriffe in aller Munde. Ich persönlich versuche, den Begriff Craft Beer zu vermeiden, habe aber akzeptiert, dass sich die Bezeichnung mittlerweile etabliert hat. Aber wenn wir den Begriff nutzen wollen, brauchen wir auch eine tragfähige deutsche Definition.

Wir können nicht einfach die Definition der US-amerikanischen Brewers Association übernehmen, denn dann wird der Begriff schnell ad absurdum geführt. Im Land der unbegrenzten Möglichkeiten mit 318 Millionen Einwohnern wird in anderen Dimensionen gerechnet. Nach der US-Definition muss eine Craft Brewery klein (Jahresproduktion unterhalb von 7,2 Millionen Hektolitern), unabhängig (weniger als 25 Prozent des Unternehmens werden von einem Nicht-Craft-Brewer aus der Getränkeindustrie kontrolliert) und traditionell (die Mehrheit der Biere wird mit traditionellen Rohstoffen, sprich nicht mit Reis oder Mais, hergestellt) sein. Würden wir die US-Definition übernehmen, wäre jede deutsche Einsorten-Privatbrauerei eine «Craft Brewery».

Inzwischen sind wir auch soweit, dass der Begriff «Craft» zusehends missbraucht wird. Große Unternehmen wittern ihre Chance, mit dem Prädikat «Craft» dem sinkenden Bierabsatz entgegenzutreten. Und auch einige mittelständische Brauereien springen auf den Zug mit auf, ohne sich wirklich mit dem Thema auseinanderzusetzen. Doch leider ist es nicht damit getan, in das Standardbier bei der Lagerung ein wenig Hopfen zu packen, das Ganze in schicke Flaschen abzufüllen und dann teurer zu verkaufen. Hier wird deutlich, dass dringend eine messbare Definition her muss, die zu den Gegebenheiten des deutschsprachigen Marktes passt. Denn inzwischen ist es für den Konsumenten schwer zu erkennen, was wirklich «Craft» ist.

Aber wie könnte diese Definition aussehen? Meiner Ansicht nach müsste eine echte «Craft Brewery» oder Kreativbrauerei die folgenden Kriterien erfüllen:

INHABERFÜHRUNG. Die Brauerei sollte inhabergeführt und der Hauptanteilseigner sollte aktiv am Tagesgeschäft beteiligt sein.

TRANSPARENZ. Alle verwendeten Roh- und Hilfsstoffe werden klar und detailliert benannt, der Brauort wird angegeben, eben-

falls die Teilhaber an dem Unternehmen, auch bei verschachtel-
ten Beteiligungsgesellschaften. Denn Transparenz schafft Authentizität und tut auf diesem Level keinem weh.

VIELFALT. Ein kreativer Brauer schließt keine Lieferverträge.
Wir stehen alle dafür, dass die Konsumenten möglichst viele verschiedene Bierstile probieren, um daran Freude zu finden. Eine
Brauerei, die Gastronomen per Liefervertrag vorschreibt, nur die
eigenen bzw. Biere aus dem eigenen Lieferverbund zu verkaufen,
verhindert jegliche Vielfalt.

NATÜRLICHKEIT. Ein Kreativbrauer nutzt nur natürliche, nicht
genmanipulierte Rohstoffe. Dazu können auch Früchte, Kräuter
oder Gewürze gehören, aber definitiv keine Extrakte oder künstliche Hilfsstoffe, es wird nicht pasteurisiert. Alle Zutaten und
Verfahrensschritte dienen primär nur dem Geschmack und nicht
der künstlichen Verlängerung der Haltbarkeit.

EINIGE KÖPFE DER NEUEN DEUTSCHEN BIERVIELFALT

⬦ Neben den jungen kreativen Brauereien gibt es in Deutschland einige mittelständische Brauereien, die seit jeher den deutschen Markt mit ihren Bieren bereichern. Sie zeichnet aus, dass sie nicht versucht haben, die großen Braukonzerne zu kopieren und sich auf den gnadenlosen Preiskampf dieser einzulassen, sondern konsequent und selbstbewusst ihr Ding gemacht haben. Während die Großen versuchen, lediglich durch groß angelegte Marketingkampagnen, Preiskampf und den Aufkauf kleinerer Brauereien durchzukommen, bedienen einige Kleine das Individuelle, Unverwechselbare. Sie freuen sich darüber, dass Bier endlich wieder die Wertschätzung und die Aufmerksamkeit erhält, die es verdient.

Alle Brauereien zu beschreiben, die für eine wirkliche Vielfalt auf dem deutschen Biermarkt sorgen, würde eindeutig den Rahmen dieses Buches sprengen. Und hätte man sie alle zusammen, wäre die Liste schon wieder unvollständig, da ständig neue Projekte hinzukommen. Daher habe ich mich für eine Mischung entschieden, die zeigt, wie bunt die deutsche Bierwelt ist.

ALE MANIA

Das Thema Bier begleitet Fritz Wülfing inzwischen schon knapp 30 Jahre. In den achtziger Jahren hat er Verfahrenstechnik studiert und ein Praktikum in der Schultheiß Brauerei in Weißenthurm bei Koblenz gemacht. Von da an war es um ihn geschehen. «Seitdem saufe ich Bier nicht mehr, sondern genieße es», sagt Fritz. Eine Begeisterung, die ihn seither nicht mehr losgelassen und maßgeblich die Urlaubsplanung der gesamten Familie beeinflusst hat. Es gab keine Reise mehr ohne Brauereibesuch. Ziel waren zunächst Brauereien in Franken, später in Belgien, England und Tschechien.

Irgendwann schenkte ihm seine Frau Heike dann ein Heimbraupaket, in dem alle notwendigen Zutaten enthalten waren. «Für den Anfang war das super», sagt Fritz. Aber irgendwie sei das auch ein bisschen wie Kochen mit einer Tütensuppe. Daher ist er schnell auf Kochtopf und Rührlöffel umgestiegen und hat angefangen, eigene Rezepte zu entwickeln. Parallel hat Fritz immer weiter jede Menge Brauereien abgeklappert. Und genau wie bei mir kam Fritz die richtige Erleuchtung in den USA. Bei seinen Besuchen dort hat er unzählige Brauereien gesehen, die mit einfachen Mitteln großartige Biere in einer unglaublichen Vielfalt produzierten, die wiederum an zahllosen Zapfhähnen in den Bars ausgeschenkt wurden. «Die Amerikaner sind ja auch immer so offen und nett und verraten immer gleich alles. Das hat mich echt umgehauen», erzählt Fritz noch immer sichtlich angetan.

Er begann im etwas größeren Stil zu brauen. Zuerst auf seiner selbstgebauten Heimbrauanlage, später dann als Gast in anderen Brauereien. 2010 brachte er mit *Fritzale* sein erstes Bier auf den Markt und war damit einer der ersten deutschen Brauer, die ein hopfenbetontes Bier anboten. 2013 forderten ihn die Anwälte des Softdrink-Herstellers Fritz Cola dazu auf, seine Marke umzubenennen. Anstatt eine zeitraubende Auseinandersetzung zu führen, entschied sich Fritz, seine Energie lieber für das Bierbrauen zu nutzen, und benannte seine Biere kurzerhand in *Ale-Mania* um. Den Namenswechsel nutzte er dann auch gleich zu einer Neuausrichtung mit dem Ziel, eine eigene Brauerei zu bauen. Er bereut seine Zeit als Wanderbrauer keineswegs, denn er hat währenddessen sehr viel gesehen und gelernt. Aber der Wunsch nach einer eigenen Brauerei wurde immer stärker. Ihm geht es nicht darum, ein Produkt zu kreieren und zu vermarkten. Vielmehr steht für Fritz nach wie vor die Freude am Brauen im Vordergrund. Er möchte «sein Bier erleben vom Einmaischen bis zum ersten Trinken».

❤ **EMPFEHLUNG:** *Ale Mania Gose*
❯ *www.ale-mania.de*

SCHOPPE BRÄU

Wie sich doch die Zeiten ändern. «Erst bist du jahrelang der kleine Macher, und auf einmal bist du dann doch cool», wundert sich Thorsten Schoppe. «Die Wahrnehmung in der Öffentlichkeit hat sich komplett gewandelt, wir erfahren nun endlich die Anerkennung, die noch vor ein paar Jahren undenkbar gewesen wäre.» Und dabei macht er eigentlich gar nichts anders als früher. Na ja, vielleicht ist er in den letzten Jahren noch ein bisschen experimentierfreudiger geworden.

Als Thorsten 2001 als frischgebackener Diplom-Ingenieur für Brauwesen bei einer Berliner Gasthausbrauerei anheuerte, wurde er von vielen unserer Studienkollegen belächelt. Sie gingen lieber zu den großen Braukonzernen, um dort Karriere zu machen. Aber darauf hatte Thorsten keine Lust, standardisierte, computergesteuerte Abläufe waren nichts für ihn. Er wollte lieber selbst anpacken. Schon während seiner Lehre bei der Feldschlösschen Brauerei in Braunschweig und parallel zum Studium hat er jede Menge Hausgebrautes produziert. Während des Studiums verbrachte er viele Stunden an den Sudkesseln der Berlin Bier Company. Die Bier Company löste sich auf, Thorsten aber machte weiter. Durch die Arbeit mit den Jungs und nach über 100 Suden im kleinen Stil war ihm endgültig klar, dass er auf keinen Fall in die Industrie gehen wollte.

Das Handwerk war und ist seine Passion, bis heute, das unterstreicht er auch mit seinem Firmenslogan «Hopfen, Malz und

Muskelschmalz». Inzwischen ist Thorsten in einer weiteren Berliner Gasthausbrauerei für die Bierversorgung verantwortlich. Freie Kapazitäten nutzt er, um seine eigenen *Schoppe-Bräu*-Biere zu brauen und damit seine eigene Marke voranzubringen. Wobei für ihn gerade die größte Sorge darin besteht, genug Nachschub zu produzieren, denn die Nachfrage nach seinen Bieren ist groß. Zeit also, etwas Eigenes auf die Beine zu stellen. Mit zwei Partnern baut Thorsten im Norden Berlins seine eigene Brauerei auf. Und Thorsten wäre nicht Thorsten, wenn er dabei nicht gleich auch an die Berliner Kollegen denken würde, die sich keine eigene Brauerei leisten können oder wollen. Sie kann er dann auch beherbergen. Schließlich hilft man sich in der Szene.

♥ **EMPFEHLUNG:** *Blag Flag Stout*
> *www.schoppebraeu.de*

BRAUHAUS RIEGELE

Bevor ich die Biere der Augsburger Kollegen kennenlernte, war mir der Macher dahinter aufgefallen. Ich war beeindruckt, mit welch einer Begeisterung Sebastian Priller als Weltmeister der Sommeliers für Bier über verschiedene Brauarten und Bierstile sprach. Dass ich einmal seine Nachfolge antreten würde, daran dachte ich zu diesem Zeitpunkt im Traum nicht. Damals war ich noch nicht einmal Biersommelier. Als ich dann 2012 die Ausbildung machte, lud Sebastian im gleichen Jahr zur Jahreshauptversammlung der Diplom-Biersommeliers nach Augsburg ein. Es war mein erster Besuch bei einer Traditionsbrauerei, die sich auch mit kreativen Bieren auseinandersetzt. Es war klasse zu sehen, dass es möglich ist, traditionelle Braukunst mit all ihren Bräuchen zu pflegen und parallel innovative, neue Wege zu gehen.

Sebastians Erklärung ist einfach: «Wir brauen einfach gerne und für jeden.» Der eine sitze im Biergarten und genieße zur Erfrischung sein Helles, die andere wähle ein India Pale Ale als Begleitung zu einem asiatischen Essen, und beide vereine die Freude an gutem Bier.

Während in der neuen deutschen Bierszene so mancher Heimbrauer sein Hobby zum Beruf macht und einfach einmal anfängt, wurde bei Riegele der Einstieg in das Kreativbier-Segment genau vorbereitet. Im Jahr 2000 reisten Sebastian Priller senior und junior gemeinsam durch die USA und schauten sich 36 verschiedene kleine Brauereien an. «Da haben wir eine Welt kennengelernt, die wir so nicht kannten, und haben extrem viel mitgenommen», sagt Sebastian. Er war zu dem Zeitpunkt noch Unternehmensberater (schließlich muss man auch mal woanders reinschnuppern) und nahm sich unbezahlten Urlaub, um seinen Vater zu begleiten. «Wir haben gesehen, dass da mehr geht. Aber uns war klar, dass das nur funktioniert, wenn alles passt», erzählt Sebastian.

Neun Jahre haben sie sich Zeit gelassen, bis sie eine Brauspezialität, so werden die kreativen Biere bei Riegele genannt, auf den Markt brachten. Die Brauerei wurde umgebaut, die eigene Hefebank wurde von 50 auf 150 Hefestämme erweitert. Man munkelt, dass der Riegele-Braumeister Frank Müller nachts aufsteht, um mit seinen Hefen zu sprechen. Aber das nur am Rande.

Sebastian und Frank experimentierten und probierten so lange, bis wirklich alles passte. Zumindest beim Inhalt sollten sie recht behalten. Was fehlte, war die richtige Kommunikation. Rückblickend sagt Sebastian, damals hätten sie viel falsch gemacht. Es funktioniere einfach nicht, Biere in Champagnerflaschen zu füllen und zu verkaufen, ohne sie weiter zu erklären. Inzwischen haben Sebastian und sein Team ihre Hausaufgaben gemacht, und das Ergebnis kann sich sehen lassen. Anhand von Symbolen auf den Flaschen erfährt der Genießer, was für ein Aroma ihn erwartet, welche Farbe das Bier hat, wie es um Bittere und Perlage bestellt ist, was für einen Körper das Bier besizt und zu welchem Essen es sich besonders gut eignet. Wer mag, lässt sich auf die neue Vielfalt ein. Alle anderen bekommen auch weiterhin ihr Helles oder das Augsburger Herrenpils. Genauso wie immer.

♥ **EMPFEHLUNG:** *Augustus 8 Weizendoppelbock*

❯ *www.riegele-biermanufaktur.de*

BRAUKUNSTKELLER

Alexander Himburg hat keine eigene Brauerei. Ein Zuhause hat sein Braukunstkeller aber dennoch, und zwar mitten im Odenwald, im kleinen Örtchen Michelstadt. Dort hat er sich in eine mittelständische Brauerei eingemietet. Eine Kooperation, von der beide Seiten profitieren. Alexander spart sich die Investition in eine eigene Braustätte, hat aber trotzdem einen festen Standort, an dem er seine Biere so brauen kann, wie es ihm gefällt. Und der Besitzer der Brauerei freut sich über eine bessere Auslastung. Das funktioniert so gut, dass sich die zwei inzwischen einen Braumeister teilen, der sowohl die Biere des Braukunstkellers als auch die der Michelstädter Brauerei braut. Für Alexander ist das eine enorme Erleichterung, arbeitete er doch lange am Limit. Er ist viel unterwegs, um seine Biere deutschlandweit bekannt zu machen, und auch der Export ist inzwischen gut angelaufen.

Eine rasante Entwicklung, die mit einer klassischen Ausbildung zum Brauer und Mälzer in einer «klassischen industriellen Bierfabrik», wie er sie nennt, begann. Alexander hatte sein Biologiestudium abgebrochen und war auf der Suche nach einer spannenden Alternative. Der Job des Brauers gefiel ihm, insbesondere reizte es ihn, irgendwann einmal sein eigenes Bier zu brauen. Nach der Ausbildung arbeitete er zunächst für eine Hausbrauerei.

Und falls jemand sich gefragt hat, wo der Name der Brauerei herkommt, hier ist die Erklärung: Parallel zu seinem klassischen Brauerjob in der Hausbrauerei experimentierte Alexander im eigenen Keller, verließ dabei ausgetretene Pfade und ging der spannenden Braukunst auf den Grund.

Das Bier, das dabei herauskam, gefiel nicht nur ihm. Die erste Expansion bestand im Umzug zum Nachbarn, der über eine größere Anlage verfügte. Alexander begann, seine ersten Biere zu verkaufen. Die Anlage des Nachbarn wurde schnell zu klein, und eine andere Lösung musste her. Zunächst zog er als Wanderbrauer durch verschiedene Brauereien, bis er schließlich in die Michelstädter Brauerei einzog.

♥ **EMPFEHLUNG:** *Armasi India Pale Ale*

❯ *www.braukunstkeller.de*

SCHNEIDER WEISSE

Im Jahr 2007 sprach in Deutschland noch niemand über Craft Beer. Aber bereits zu dem Zeitpunkt entstand im bayrischen Kehlheim ein Weißbier mit einer ausgeprägten Hopfennote, nur hat das in Deutschland kaum jemand mitbekommen, denn das Bier braute Braumeister Hans-Peter Drexler allein für den amerikanischen Markt.

Und das kam so: Auf einem amerikanischen Oktoberfest grillte Garrett Oliver, der Braumeister der Brooklyn Brewery, Weißwürste, und als Georg Schneider von Schneider Weisse ihm erzählte, wie die Weißwurstkultur in Bayern ist, kamen die beiden ins Gespräch. Vier, fünf Biere später entstand die Idee, in beiden Brauereien ein identisches Bier zu brauen, dabei sollte jeder die Rohstoffe aus dem eigenen Land verwenden. Allein die Hefe war gleich und kam von Schneider Weisse. «Ich habe mir damals gedacht, dass sich die Biere kaum unterscheiden würden, wurde dann aber eines Besseren belehrt. Die Biere schmeckten wirklich total unterschiedlich», erzählt Georg Schneider.

Die *Hopfenweisse* wurde zunächst ausschließlich in den USA verkauft. In Deutschland wäre das damals nach Ansicht Georg Schneiders noch nicht möglich gewesen, weil es einfach kein Publikum dafür gegeben habe. Ganz anders in den USA, dort tranken viele Kunden die *Hopfenweisse* aus beiden Ländern, um den Unterschied schmecken zu können.

Inzwischen ist die *Hopfenweisse* auch in Deutschland ein fester Bestandteil des Schneider-Sortiments, zusammen mit sechs anderen Weißbieren. Die Etiketten malt Georg Schneider persönlich und setzt dabei die Geschmackserlebnisse, die Freunde, Kunden und Bierexperten beim Genuss des jeweiligen Bieres haben, künstlerisch um.

«Die Hopfenweisse liebt man oder hasst man, dazwischen gibt's nichts», sagt Georg Schneider über sein Bier. Ähnlich wie im Brauhaus Riegele sah man auch bei Schneider die größte Herausforderung darin, dass kreative Biere anders angeboten werden müssen. «Man muss aufpassen, dass die Leute nicht unvorbereitet auf dieses Bier losgelassen werden. Die Menschen müssen zu diesem Weißbier hingeführt werden, um die Dimension schmecken zu können», sagt Brauereichef Schneider. Und für all diejenigen, die begeistert sind von der neuen Dimension des Weißbiers, gibt es bei Schneider mit der Tap-X-Serie jedes Jahr einen limitierten Sondersud. 2015 ist es das *TAP X Mathilda Soleil*, eine Hommage an die Ex-Brauereichefin Mathilde Schneider. Sie hat bereits 1907 mit dem *Aventinus* den ersten Weizendoppelbock auf den Markt gebracht.

💚 **EMPFEHLUNG:** *Aventinus Eisbock*
❯ *www.schneider-weisse.com*

MAISEL & FRIENDS

«Im Notfall müssen wir es halt selber saufen», sagte schon der Großvater zum Vater, als der mit der Idee ankam, Weißbier zu brauen. Inzwischen ist es eben das Bier, wofür die Bayreuther Brauerei Meisel deutschlandweit bekannt ist. Und genau so ging Jeff Maisel auch an die Sache ran, als er 2012 Maisel & Friends gründete.

Jeff war frustriert und verärgert, dass es beim Biervertrieb eigentlich nur um Vergütungen ging und nur selten noch um die Qualität des Produkts. Mit Bewunderung schaute er auf befreundete Winzer, deren Produkte von den Kunden wertgeschätzt wurden, und er fasste einen Entschluss: «Wir müssen das Bier wieder auf eine andere Ebene bringen.» Er wollte ein Bier präsentieren, das außergewöhnlich schmeckt, aber dennoch sehr gut trinkbar ist.

Craft Beer kannte Jeff schon aus den USA und verfolgte die Entwicklung bereits einige Jahre aufmerksam. Seine Mutter ist Amerikanerin, und Jeff hatte einige Semester in den Staaten studiert. Seine Lösung für die Heimat: charakterstarke Bierspezialitäten. Und das Ganze in großen Flaschen abgefüllt, damit das Bier ins Glas eingeschenkt und mit Freunden geteilt werden kann. Anders als die Kollegen von Schneider Weisse entschied man sich im Hause Maisel, den Bierspezialitäten einen eigenen Namen zu geben. Und der war schnell gefunden – Maisel & Friends. Denn inzwischen ist es schon eine Familientradition, nach Beendigung des Studiums der Brau- und Getränketechnologie jeweils einen Freund mit in die Brauerei zu bringen und gemeinsam einzusteigen. «Wenn man neu dazukommt, kann man zu zweit mehr verändern als allein», sagt Jeff. Bereits sein Vater hatte einen Freund mit ins Unternehmen gebracht. Mit Studienkollege Marc hat Jeff viele Stunden in den Gärkellern der Brauerei verbracht, Biere verkostet, Rezepte entwickelt und schließlich die ersten Bierspezialitäten auf den Markt gebracht. Dabei ging es ihnen nicht darum, die abgefahrensten Biere zu brauen, sie sehen sich vielmehr als Wegbereiter und wollen mit ihren Bieren einen größeren Konsumentenkreis ansprechen als die kleinen Kreativen.

«Wir können am Anfang einer neuen Epoche stehen, lass uns versuchen, mit dabei zu sein», sagte Jeff und entschied sich, in den historischen Mauern des Stammhauses ein neues 25-Hektoliter-Sudwerk zu bauen. Bisher wurden die Maisel-&-Friends-Biere im Sudhaus des großen Stammhauses gebraut. Bei der Ausstoßmenge muss man sich aber auch sicher sein, dass sich genug Käufer für das Bier finden. Im eigenen Maisel-&-Friends-Sudhaus wollen die Bayreuther nun ein bisschen mehr wagen, und im Notfall wird das Bier halt wieder selbst getrunken.

♥ **EMPFEHLUNG:** *Tripel Blanc/Belgisches Tripel*
❯ *www.maiselandfriends.com*

RIEDENBURGER BRAUHAUS

Max Krieger hatte sich entschieden, er folgte der Familientradition und wurde genau wie Vater und Großvater Braumeister. Doch bevor er in den elterlichen Betrieb im bayrischen Riedenburg einsteigen wollte, zog es ihn zunächst einmal ins Ausland, genauer zu Amarcord nach Italien. In der kleinen kreativen Brauerei bei Rimini braute der junge Bayer für die Brooklyn Brewery deren India Pale Ale. Es folgten weitere Sude mit den kreativen Brauern aus New York, meist Biere mit verschiedenen, aromaintensiven Hopfensorten. Max war begeistert von der großartigen Vielfalt, die durch den Hopfen erlangt werden kann. Voller neuer Ideen ging er nach drei Jahren zurück ins elterliche Riedenburger Brauhaus, wo zu dem Zeitpunkt eine einzige Hopfensorte im Kühlhaus lagerte.

Was aber nicht bedeutet, dass die Riedenburger Biere bis zu dem Zeitpunkt eintönig und langweilig waren. Offen für Neues waren die Brauer in der kleinen bayrischen Stadt eigentlich schon immer. Der Großvater war einer der ersten Weißbierbrauer in Bayern. Die Eltern stellten in den neunziger Jahren auf eine ökologische Brauweise um, noch bevor die Biowelle nach Deutschland gelangte. «Meine Eltern hatten die Vielfalt bisher durch verschiedene Getreidesorten erlangt», erzählt Max. Durch die Umstellung auf die Produktion mit ökologischen Zutaten war Vater Michael Krieger bereits früh mit alternativen Getreidesorten in Berührung gekommen. Biere mit Dinkel, Hirse oder Einkorn gehören inzwischen zum Standard. Das *Emmerbier* ist der Bestseller im Riedenburger Brauhaus.

Von seinen Eltern wurde Max bei seiner Rückkehr aus Italien mit offenen Armen empfangen. Sie freuten sich über die neuen Inspirationen, die ihr Sohn mitbrachte. Der Weg war frei für seinen *Dolden Sud*, das erste deutsche Bio India Pale Ale. Und auch die Gäste von der Brooklyn Brewery, die Max zum gemeinsamen Brauen eingeladen hatte, empfingen seine Eltern mit offenen Armen. Eine Gastfreundschaft, die auch ich im letzten Jahr genießen durfte, als Max und ich das Sudhaus auf die Probe gestellt haben, in dem wir mit so viel frischem grünem Hopfen gebraut haben, dass es aussah, als könne man auf den Hopfendolden im Sudkessel spazieren gehen.

Heute lagert im Riedenburger Brauhaus neben vielen verschiedenen Getreidesorten auch eine spannende Auswahl an Hopfensorten.

💚 **EMPFEHLUNG:** *Dolden Dark Porter*

❯ *www.riedenburger.de*

UERIGE

Es entstehen gerade immer mehr großartige Biere auf Grundlage alter Rezepte, und häufig sind es junge Brauer, die in Vergessenheit geratene Bierstile wiederbeleben. Es gibt aber auch einige wenige, die uns über die Zeit erhalten geblieben sind. Das Altbier ist so ein Beispiel. Ein obergäriges dunkles Bier mit einem intensiven Hopfencharakter. Heute ist es in seiner ursprünglichen Form gar nicht mehr so leicht zu finden.

Wer das Alt einmal in seiner ganzen Komplexität genießen möchte, trinkt es in einer Gasthausbrauerei im Herzen Düsseldorfs, am Besten im Uerige. «Die ersten Uerige schmecken nicht», sagt Uerige-Chef Michael Schnitzler. Zu ungewohnt seien die Aromen für den ungeübten Gaumen. Man könnte denken, dass es die Kreation eines jungen Brauers ist, der mit intensiven Geschmacksnoten die deutsche Bierlandschaft aufrütteln möchte. Aber keineswegs. Im Uerige macht man alles so wie immer schon. Das Rezept ist noch das gleiche wie vor 100 Jahren. Gebraut werden die Biere bis heute im Keller unterhalb des Gasthauses, in offenen Gärtanks, nur mit ganzen Hopfendolden, und gekühlt wird im offenen Kühlschiff unter dem Dach, das von Hand gereinigt wird. «Wir nutzen Technik nur da, wo sie der Bierqualität hilft», sagt Michael. Im Sudhaus beispielsweise, denn keiner könne so schnell und genau die Temperaturen einstellen wie die Sudhaus-Automatik. Alles andere ist Handwerk.

Ein Handwerk, das sich auch im Ursprungsland der Craft-Beer-Bewegung großer Beliebtheit erfreut. Immer wieder kommen US-amerikanische Gruppen zu Besuch ins Uerige. Dass die Gasthausbrauerei über die Landesgrenzen hinaus bekannt geworden ist, liegt an dem weltweit anerkannten Bierexperten Michael Jackson. Er gab ihrem Alt nicht nur das Prädikat «world class», sondern präsentierte es vor vielen Jahren auch bei einer Verkostung des *National Geographic*. Seitdem wird Uerige auch in die USA exportiert.

Irgendwann klopfte dann der US-Importeur in Düsseldorf erneut an die Tür und meinte, er brauche Bier «mit mehr Umdrehungen». Kurzerhand wurde mit dem großen Suppenkessel, in dem sonst immer samstags die Erbsensuppe gekocht wird, der erste Versuchssud gebraut. «Was da rauskam, war gar nicht so schlecht», erzählt Michael. Das *DoppelSticke* war geboren. Ein Bier mit 8,5 Prozent Alkohol und einer kräftigen Hopfennote, das eigentlich nur für den US-Markt gebraut wurde. Aber auch in Deutschland erfreut sich das *DoppelSticke* immer größerer Beliebtheit, denn die Deutschen finden langsam wieder Gefallen an charakterstarken Bieren, und darüber freut man sich auch in der Düsseldorfer Altstadt.

EMPFEHLUNG: *DoppelSticke/Altbier-Doppelbock*
> *www.uerige.de*

BREWCIFER

«Ich braue pro Sud 1000 Liter, und wenn die weg sind, sind sie weg», sagt Jochen Mader. Wer als Händler damit nicht klarkommt, passt dann eben nicht zu ihm. Ihm gefällt die Rolle des kompromisslosen Brauers. Er sagt Sätze wie: «Wenn ich meine Miete mit Pils bezahlen muss, höre ich auf.» Jochen kann sich die Gelassenheit erlauben, noch ist das Brauen lediglich sein Hobby. Seine Miete verdient er als Sound-Designer mit dem Komponieren von Musik für Filme und Werbespots.

Und damit gleicht seine Geschichte der vieler US-Craft-Brewer, die von Heimbrauern zu Brauereibesitzern wurden. Angefangen zu brauen hat Jochen ganz einfach zu Hause, mit Zubehör aus der eigenen Küche und einer Anleitung aus dem Internet. Er hat ausprobiert und mit verschiedenen Zutaten experimentiert. Einem Hamburger Gastronomen gefiel eines seiner Biere so gut, dass er Jochen kurzerhand zu einem Braufest einlud. Vor seinem Stand bildete sich schnell eine lange Schlange. Die Besucher waren begeistert von seinem Bier und wählten es gleich zum besten der Veranstaltung. Jetzt wollte es Jochen dann doch wissen: Was, wenn er sein Bier in größerem Stil braut und verkauft – könnte das klappen?

Simon Siemsglüß hatte sich zu der Zeit gerade in Hamburg mit seiner Buddelship Brauerei selbständig gemacht und stellte Jochen kurzerhand sein 10-Hektoliter-Sudhaus zur Verfügung, um sein erstes Bier in größerem Stil zu brauen. Inzwischen ist Jochen regelmäßig bei Simon zu Gast. Parallel arbeitet er daran, seine eigene Brauerei mit Taproom zu realisieren.

Gerade hat Jochen einen frischen Sud von seinem *Hops & Needles* gebraut, dem Bier, das nicht nur den gebürtigen Schwaben so begeistert. Ein Bier, das er mit frischen Fichtenspitzen braut und das Erinnerungen weckt und eine Geschichte erzählen kann. Jochens Geschichte geht so: «Wenn ich die Tüte mit den Fichtennadeln öffne, haut es mich jedes Mal um. Das ist meine Kindheit in der Tüte. Es gibt nichts, was so riecht und so schmeckt.» Jochens Mutter hat aus den jungen Trieben der Fichte jedes Jahr einen Sirup gemacht. Den gab es dann ein halbes Jahr lang morgens aufs Brot. Und wenn er weg war, war er weg. Genau wie jetzt sein Bier.

 **EMPFEHLUNG:** *Hops & Needles*

❯ *www.brewcifer.de*

HOPFENSTOPFER

Thomas «Hopfenstopfer» Wachno, wie er sich selber gerne nennt, gehört zu den alten Hasen in der deutschen Kreativbierszene. Thomas ist ein bodenständiger Typ, er ist in seinem Heimatort tief verwurzelt und arbeitet noch immer in der Brauerei, in der er mit 16 Jahren seine Ausbildung begonnen hat – bei Häffner Bräu in Bad Rappenau. Normalerweise werden die Biere dort nur um den Kirchturm herum verkauft. Normalerweise. Wäre da nicht Thomas, der kreative und neugierige Brauer, der irgendwann anfing mit dem Hopfenstopfen. Nicht aus einer Not heraus. Nicht um einem Trend zu folgen, dafür war es noch zu früh. Und auch nicht weil ihn das Craft Beer aus den USA so faszinierte, denn das kannte er zu dem Zeitpunkt noch gar nicht.

Thomas war einfach auf der Suche nach einer spannenden Art, seinen selbstangebauten Hopfen zu verarbeiten, den er mit der ganzen Familie von Hand gepflückt hatte und der nun in seiner Kühltruhe lagerte. Als er dann in einer Fachzeitschrift einen Artikel über das Hopfenstopfen las, wusste er, was er mit dem selbstgeernteten Hopfen anfangen sollte, und probierte es einfach einmal aus. Denn «Biere mit dem eigenen Malz und Hopfen haben schon viele gebraut, ich wollte etwas Besonderes machen», und Hopfen in den Lagertank zu geben war zu dem Zeitpunkt in Deutschland noch mehr als unüblich. Herausgekommen ist das *Hopfenstopfer Jahrgangsbier*, das um den Kirchturm herum ziemlich schnell ausverkauft war.

Thomas probierte weiter und traute sich irgendwann an einen größeren Sud mit einem amerikanischen Aromahopfen ran. Händler in Berlin und Hamburg wurden auf ihn aufmerksam, und inzwischen sind seine Hopfenstopfer-Biere in ganz Deutschland erhältlich. Ob es noch mehr werden kann? Ein bisschen geht noch, aber irgendwann ist Schluss. Schließlich ist es schon jetzt eine ganz schöne Herausforderung, die Produktion der ganzen verschiedenen Biere zu koordinieren. Thomas wirkt extrem zufrieden und ausgeglichen und macht nicht den Eindruck, als plane er große Veränderungen. Er ist einfach glücklich, so wie es gerade ist, kann es seiner Ansicht nach bleiben. Er kann ein bisschen kreativ sein, sich austoben, ist nicht auf Teufel komm raus auf Wachstum angewiesen und bekommt jeden Monat sein festes Gehalt. Und Zeit für die Familie und die Freiwillige Feuerwehr bleibt auch noch. Eine Situation, um die ihn sicher so mancher Kreativbrauer beneidet.

💟 **EMPFEHLUNG:** *Comet India Pale Ale*

❯ *www.hopfenstopfer.de*

HEIDENPETERS

Eigentlich ist an allem seine Mutter schuld. Bei ihr hat Johannes Heidenpeter zu Weihnachten das erste Mal ein englisches Porter getrunken. Ein Geschmackserlebnis, das sein Künstlerleben komplett auf den Kopf gestellt hat. Noch am gleichen Abend bestellte sich Johannes ein Buch übers Bierbrauen. Eine Woche später lagerte das erste Bier in seiner Küche.

Von da an arbeitete der studierte Künstler tagsüber in einer Galerie und widmete sich abends und am Wochenende dem Bier. Er begeisterte seine Freunde mit immer neuen Bierkreationen, und schnell reifte in ihm der Gedanke, eine eigene Brauerei zu bauen. Dass er damit auch irgendwann einmal seinen Lebensunterhalt verdienen könnte, daran dachte er zu dem Zeitpunkt nicht. Er informierte sich über fertige Sudhäuser, aber die Preise schreckten ihn zunächst ab. Also suchte Johannes nach Alternativen, sein Ehrgeiz war geweckt, das musste doch auch günstiger möglich sein. War es.

Nicht einmal zwei Jahre nachdem er sich das erste Mal im Internet übers Bierbrauen informiert hatte, stand Johannes in seinem eigenen Sudhaus, zusammengebaut aus alten Lebensmittelbehältern. Zum ersten Mal hielt er ein 50-Liter-Fass in den Händen. «Ich hatte von dem ganzen Zeug überhaupt keine Ahnung, habe mich aber schnell auf die ganze Biertechnik eingegroovt», erzählt Johannes.

Sein Standort ist die Markthalle Neun in Berlin-Kreuzberg. Unten im Keller darf Johannes seine Biere brauen, obendrüber werden regionale Lebensmittel verkauft. An den Markttagen schenkt Johannes sein Bier aus. An das Brauen geht er genauso unkonventionell heran wie an den Bau seiner Brauerei, und seine Biere können sich wirklich sehenlassen. Die Gäste in der Markthalle waren begeistert, und auch Händler und Gastronomen wollten Heidenpeters Bier. Schnell überstieg die Nachfrage das Angebot, und nur zwei Jahre nach seinem Einzug plante Johannes schon die Vergrößerung seines Sudhauses – das war 2014.

Inzwischen steht eine neue Anlage bei Johannes, voll automatisch diesmal. Ein Hobbybrauer hat sie ihm entworfen und in seinem Betrieb für Lebensmitteltechnik gebaut. Eine weitere Steigerung wäre noch denkbar. Aber bei einer 30-Hektoliter-Anlage ist für Johannes auf jeden Fall Schluss. Alles, was größer ist, entspricht nicht mehr seiner Vorstellung von Handwerk.

💛 **EMPFEHLUNG:** *Pale Ale*
❯ *www.heidenpeter.de*

Pax Bräu

PAX BRÄU

Er braut mitten in der Pampa, füllt sein Bier nur in 1-Liter-Flaschen ab, und das in einer Region mit der größten Brauereidichte Deutschlands. Und dann braut er auch noch Bier, von dem seine Freunde gesagt haben: «Lass das besser sein, das trinkt kein Mensch, das finden alle fürchterlich.» Das kann doch nicht funktionieren? Funktioniert doch, wie Andreas Seufert mit Pax Bräu in Oberelsbach in der Rhön beweist.

Mit dem «Wurschtkessel» im alten Kuhstall des Onkels fing alles an. Irgendwann rüstete Andreas dann auf einen größeren, gasbeheizten Wurstkessel um, doch noch war es ein Hobby. «Es kamen einfach immer mehr Leute und wollten die Biere probieren», erzählt Andreas. Das sei der Zeitpunkt gewesen, an dem er entschieden habe, sich ein eigenes Sudhaus zu leisten und seine Brauerei hauptberuflich zu betreiben. Der Kuhstall wurde umgebaut und ein 10-Hektoliter-Sudhaus installiert. «Dabei habe ich nie darauf geachtet, was der Markt will, sondern habe das gebraut, was ich will», meint Braumeister Andreas.

Zunächst waren das ein Vollbier mit einer intensiven Rauchnote und ein Weißbier. Bis Andreas die Ausbildung zum Diplom-Biersommelier machte. «Der Kurs hat mir die Augen geöffnet und gezeigt, was links und rechts noch möglich ist», sagt er rückblickend. Was er während der Ausbildung zum Brauer und Mälzer und in der Meisterschule gelernt habe, sei handwerklich und technologisch natürlich einwandfrei gewesen. Aber es habe sich alles nur um das «heilige Reinheitsgebot» gedreht. Durch die Ausbildung zum Biersommelier seien ihm schließlich die Scheuklappen genommen worden. Dort erfuhr er von der wahnsinnigen Biervielfalt weltweit und fasste einen Entschluss: «Jawohl, das willst du machen.»

In seinem Kopf schwirrten Ideen für viele spannende neue Rezepte. Und weil seine Anlage für so viel Biervielfalt nicht gemacht war, hatte er einen genialen Einfall – er entwickelte einen Bierkalender. Nun überlegt er jedes Jahr im Herbst, welche kreativen Rezepte er im nächsten Jahr brauen wird. So hat er die Möglichkeit, sich auszutoben, und seine Kunden wissen schon, worauf sie sich neben den Standardbieren noch freuen dürfen. Andreas lässt sich von alten Rezepten inspirieren, oder er bringt Geschmackseindrücke mit ins Bier, die er auf einer seiner vielen Reisen gesammelt hat. Dabei lässt er auch mal das sogenannte Reinheitsgebot links liegen und braut, was ihm gefällt. Für mich ist der Bierkalender von Andreas ein wunderbares Beispiel dafür, wie vielfältig Bier sein kann, und ich bin froh, dass er seine Biere nicht nur im Umkreis von 70 Kilometern selbst ausliefert, sondern auch versendet.

♡ **EMPFEHLUNG:** *From Asia With Love/belgisches Witbier*
➤ *www.paxbraeu.de*

HANSCRAFT & CO

Christian Hans Müller will eigentlich nur eins – spannende Biere produzieren. Aber da er das in Bayern macht, hat er es manchmal ein wenig schwerer als die Kollegen im Rest der Republik. Neben dem ganz normalen Gründungswahnsinn muss er seine Energie auch noch an unnötige Rechtsstreitigkeiten verschwenden.

Seinem ersten Bier gab Christian den Namen *Bayrisch Nizza Clubbier*, benannt nach seiner Heimatstadt Aschaffenburg. Der Legende nach hat König Ludwig I. der Stadt den Namen Bayrisch Nizza gegeben. Den Aschaffenburgern gefällt die Bezeichnung so gut, dass sie sie bis heute nutzen. Und Christian fand, dass es ein hervorragender Name für sein Bier ist. Das sah der bayrische Brauerbund allerdings anders und mahnte den Unternehmensgründer kurzerhand ab. Es folgte ein Rechtsstreit, den Christian glücklicherweise für sich entscheiden konnte. Dabei ging es darum, dass sein Bier «bayrisch» und «Bier» im Namen führt. «Bayrisches Bier» ist eine eingetragene Herkunftsbezeichnung. Aber weil Christian nachweisen konnte, dass er zwar amerikanischen Hopfen verwendet, das Bier aber in Bayern braut und ein Großteil der Zutaten aus Bayern stammt, bekam er recht, und sein Bier durfte den Namen behalten.

Die Geschichte hatte ein bisschen was von David gegen Goliath. Dabei will Christian eigentlich gar kein Rebell sein. «Ich habe absolut keinen Spaß daran, mich mit dem bayrischen Brauerbund zu kappeln», sagt er. Aber für sein Recht kämpfen, das will er schon. Beim Versuch, eine Sondergenehmigung für das Brauen eines besonderen Bieres zu bekommen, ist er bis zur obersten Landesbehörde gegangen und gescheitert. Während es in anderen Bundesländern möglich ist, eine Sondergenehmigung zum Brauen besonderer Biere zu bekommen, sieht die bayrische Landesverfassung eine solche Ausnahme nicht vor. Der nächste Schritt wäre die Klage am Europäischen Gerichtshof. Aber der Aufwand wäre zu groß, da braut Christian lieber weiter sein Bier. Und wenn es sein muss, eben bei Freunden in einem anderen Bundesland.

Langfristig möchte auch Christian seine eigene Brauerei bauen. Und würde er diese zehn Kilometer von seinem Wohnort entfernt bauen, wäre er in Hessen. So könnte er zwar die «bayrische Verhinderungspolitik» hinter sich lassen, dürfte aber wiederum sein *Bayrisch Nizza* nicht mehr produzieren, denn das muss in Bayern gebraut werden. «Dafür habe ich zu lange gekämpft, das möchte ich nicht einfach aufgeben», sagt Christian. Da er einen Großteil seiner Biere immer nach dem sogenannten Reinheitsgebot brauen wird, hält er einen Umzug über die Landesgrenze auch nicht für notwendig. «Dann reize ich das Reinheitsgebot einfach bis an die Grenzen aus und zeige den Nasen, die sich hinter dem Reinheitsgebot verstecken und langweilige Biere brauen, dass es auch anders geht.»

♥ **EMPFEHLUNG:** *Back Bone Splitter/India Pale Ale*
❯ *www.hc-co.de*

MASHSEE

Bei den Jungs von Mashsee ging alles ganz schnell. 2013 lernten sich Braumeister Kolja Gigla und Biersommelier Alexander Herold auf einem Bierfest in Berlin kennen. Der eine wollte gerne seine eigene Brauerei aufbauen, der andere träumte von einem Bierspezialitätenladen. Das geht doch wunderbar zusammen, dachten sie sich. Nur eine Bierlaune? Keineswegs. Innerhalb kürzester Zeit schrieben sie einen Businessplan, überzeugten ihre Familien von der Idee, sprachen mit Banken, holten sich die notwendigen Genehmigungen ein und bauten die Immobilie in einem Hinterhof in Hannover so um, dass sie für sie passte.

Kein ganzes Jahr später feierten Alexander und Kolja mit dem ersten selbstgebrauten Bier und jeder Menge Bierspezialitäten aus der ganzen Welt die Eröffnung ihres Craft Beer Kontors und ihrer Mikrobrauerei. Auf einer 150-Liter-Anlage kann Kolja sich austoben. Die Ergebnisse seiner Braukunst gehen direkt in ihrem Laden an den Zapfhahn. Geschmacklich ausgereiftere Rezepturen werden dann in größerem Maßstab in anderen Brauereien gebraut und in Flaschen abgefüllt.

Dabei will sich Kolja nicht vom sogenannten Reinheitsgebot einschränken lassen und probiert etwas, das vor ihm erst eine Brauerei in Niedersachsen gemacht hat. Er beantragte eine Sondergenehmigung zum Brauen eines besonderen Bieres. Das war gar nicht so einfach, da zunächst überhaupt nicht klar war, wer innerhalb der Ämter zuständig ist. Aber auch das konnte geklärt werden, und Kolja bekam die Genehmigung. Für ihn war das Absicherung und Strategie zugleich. Er wollte sichergehen, dass sein

Xoco, ein India Pale Ale mit Kakaobohnen verfeinert, nicht gleich wieder vom Markt genommen wird. Kolja ist sich außerdem sicher, dass jede erteilte Genehmigung die Biervielfalt vorantreibt und der Druck auf das sogenannte Reinheitsgebot langsam, aber sicher zunehmen wird. Daher war er auch sofort bereit, für das Witbier-Rezept mit Koriander, Orangenschalen und Haferflocken von Christian Hans Müller eine Ausnahmegenehmigung zu beantragen und es gemeinsam zu brauen. Während Christians Gesuch in Bayern abgelehnt wurde, erteilte die Stadt Hannover die Ausnahmegenehmigung zum Brauen des besonderen Bieres. Einzige Einschränkung – sie durften es nicht Bier nennen. Aber damit konnten die zwei gut leben, weil die Bezeichnung *Belgisch Wit* für sie eh schon feststand.

♥ **EMPFEHLUNG:** *Xoco/India Pale Ale mit Kakaobohnen gebraut*

❯ *www.mashsee.de*

BUDDELSHIP

Simon Siemsglüss ist einer der wenigen kreativen Brauer, die gleich richtig losgelegt haben. Er hat alles auf eine Karte gesetzt, hat sich in eine alte Fischkonservenfabrik eingemietet, und während er sich noch durch den Genehmigungswahnsinn samt Gutachten und Auflagen kämpfte, begann er nebenbei schon einmal mit dem Umbau. Er investierte in ein 10-Hektoliter-Sudhaus und richtete alles so ein, wie es für ihn am besten passte. Den Dachboden für das Malzlager zog er selbst ein, den Kühlraum ersteigerte er bei Ebay, die Sitzgelegenheit für Besucher baute er aus Paletten zusammen, als Sitzkissen dienen alte Malzsäcke.

Simons Buddelship-Brauerei ist ein Einmannbetrieb, und wer einmal sehen möchte, wie arbeitsreich der Tag eines kreativen Brauers ist, der besucht Simon im Hamburger Stadtteil Stellingen. Im Mittelpunkt steht natürlich das Brauen. Aber es ist auch sehr zeitintensiv, das Bier in die Flasche zu bekommen. Denn das Reinigen der Flaschen, das Abfüllen und Etikettieren übernimmt Simon ebenfalls selbst. Und bei jedem Arbeitsschritt hat er mindestens einmal seine Hände an der Flasche. Auch wenn die Flaschen schließlich fertig verpackt im Karton stehen, ist noch nicht Schluss. Im Büro neben dem Malzlager wartet dann noch jede Menge Arbeit auf ihn.

Aber Simon hat es nicht anders gewollt. Er war jahrelang im Ausland unterwegs, hat in Kanada und London Ökonomie und Politik studiert, bis er schließlich seine Leidenschaft für das

Brauen entdeckte. Er ging zurück nach Deutschland und absolvierte an der Versuchs- und Lehranstalt für Brauwesen in Berlin den «Certified Brewmaster». Im Anschluss zog er weiter durch die Welt, arbeitete in Brauereien in China und England und setzte noch einen Master in «Brewing and Destilling» an der Heriot-Watt University in Edinburgh obendrauf.

Am Ende lebte Simon mit Hund und Freundin in Hongkong. Und eigentlich wollte er seine Brauerei auch dort aufbauen. Wir Hamburger haben Glück gehabt, dass es in Hongkong noch komplizierter ist, eine Brauerei zu eröffnen, als hier in Hamburg. Denn so entschied sich Simon, zurück in die Heimat zu ziehen und die Hansestadt mit vielen spannenden Bieren zu bereichern

💛 **EMPFEHLUNG:** *Brügge/Belgian Saison*
❯ *www.buddelship.de*

KEHRWIEDER KREATIVBRAUEREI

Der Traum von der eigenen Brauerei – den hatte ich eigentlich schon seit meinem Studium, nur fehlte mir die zündende Idee. Ich wollte nicht noch ein weiteres Pils oder Weizen auf den Markt bringen. Davon gab es schon genug. Als ich dann während unserer Zeit in den USA sah, was die amerikanischen Craft Brewer aus klassischen europäischen Bierstilen zauberten, wusste ich: Das will ich auch – endlich konnte ich meinen Traum mit Leben füllen.

Bevor wir im Juli 2012 von Miami nach Hamburg zurückgekehrt sind, um die eigene Brauerei aufzubauen, haben wir noch einen Abstecher auf die Cayman Islands gemacht. Im Labor der Cayman Islands Brewery arbeitete inzwischen ein Deutscher, ebenfalls Absolvent der Versuchs- und Lehranstalt für Brauwesen in Berlin. Ich erzählte ihm von unseren Plänen und erwähnte, dass ich die Brauerei gerne mit einem Mitstreiter zusammen aufbauen würde. «Ich kenne da einen Hamburger, der mit mir studiert hat, mit dem könnte das passen», war seine Antwort. Er gab mir die Telefonnummer von Friedrich (Fiete) Matthies. Als wir schließlich nach Deutschland zurückkehrten, begann ich mit der Standortsuche und mit der Konzeption und dem Bau der eigenen Brauanlage – die Investitionssumme für ein werkfertiges Sudhaus war mir einfach zu hoch. Als ich Fiete dann einn paar Monate später das erste Mal kontaktierte, war er gerade auf einem Segelboot gen Ibiza unterwegs. Zurück in Hamburg, trafen wir uns, und ich erzählte ihm von meinem Projekt. Und anstatt wie geplant zum Arbeiten nach Chile zu gehen, entschied er sich, bei dem Abenteuer dabei zu sein.

Das erste Bier haben wir im Januar 2013 bei einem befreundeten Brauer in Dänemark gebraut, haben es in einen Kleinbus geladen, nach Hamburg gebracht und die ersten Hamburger Händler und Gastronomen beliefert. Das Brauen in Dänemark wurde nach einiger Zeit jedoch zu aufwendig, und wir mieteten uns in verschiedenen deutschen Brauereien ein, bis wir schließlich mit dem Brauhaus Nittenau einen dauerhaften Partner fanden, der uns sein Sudhaus regelmäßig überließ. Die Brauerei und den Brauer Sebastian Jakob kenne ich schon seit vielen Jahren, ich schätze seine Biere, es besteht ein absolutes Vertrauensverhältnis, und Sebastian ist für jede verrückte Idee zu haben. So brachten wir Anfang 2105 sein Sudhaus mit dem Brauen eines Barley Wines an die Grenzen – 25 Stunden nonstop haben wir gemeinsam gebraut.

Im Sommer 2014 entschied Fiete sich nach anderthalb Jahren, mit dem Wildwuchs Brauwerk seine eigenes Brauprojekt zu starten, und bereichert seitdem die deutsche Bierlandschaft mit seinen Kreationen. Während wir einige Monate später in einer ehemaligen Molkerei für unser aus Milchtanks zusammengebautes Sudhaus endlich ein Zuhause gefunden haben. Das bedeutet aber nicht, dass wir jetzt komplett sesshaft werden. Die Gemeinschaftssude mit befreundeten Brauern machen einfach viel zu viel Spaß, die wird es weiter geben. Aber jetzt können wir die Kollegen auch endlich einmal zu uns einladen.

💚 **EMPFEHLUNG:** *Prototyp*
❯ *www.kreativbrauerei.de*

Die Porträts der verschiedenen Brauer zeigen: So unterschiedlich wie die Biere, die sie herstellen, sind auch die Menschen, die sie brauen. Ein Haufen Charaktertypen eben, die jede Menge Anregungen geben, um mit offenen Augen durch die Bierwelt zu gehen. Und wir stehen erst am Anfang der Entwicklung. Ich denke, langfristig werden die kreativen Biere mit fünf bis zehn Prozent Marktanteil ein fester Bestandteil auf dem deutschen Biermarkt sein. Mehr muss es auch gar nicht sein, denn mit charakterstarken Bieren kann man keine Massen gewinnen. Mein Bier soll nicht jedem schmecken, denn dann wären wir ja wieder beim Einheitsgesöff.

Wenn ich Verkostungen mache, probieren die Teilnehmer mindestens sieben verschiedene Biere aus den unterschiedlichsten Brauereien. Hinterher hat jeder Teilnehmer seinen Favoriten, und die Wahl fällt ganz unterschiedlich aus. Der eine mag lieber ein hopfenbetontes, fruchtiges India Pale Ale, während der nächste lieber das Stout mit der Schokoladen-Espresso-Note trinkt, und dem Dritten schmeckt das im Rotweinfass gelagerte Bier am besten.

Wenn mir jemand auf einer Kreativbier-Veranstaltung sagt: Hey, das Bier schmeckt mir nicht, erkundige ich mich erst einmal, welche Bierstile und Aromen ihm gefallen. Dann empfehle ich ihm mit Freude das Bier eines Kollegen, und in den meisten Fällen kommt er anschließend mit einem gefüllten Glas und einem glücklichen Gesicht wieder bei mir vorbei.

MITEINANDER STATT GEGENEINANDER – DIE NEUE BIERBEWEGUNG

Der Hauptgrund, warum ich mein Leben als kreativer Brauer liebe, ist natürlich das Brauen. Aber genauso großartig finde ich es, ein Teil dieser neuen Brauszene zu sein. Es ist das Miteinander, das einfach Spaß macht. Man hilft sich und tauscht sich aus – der eine braucht noch ein paar Kilogramm eines bestimmten Hopfens, der nächste ist auf der Suche nach einer neuen Etikettiermaschine und kann auf die Erfahrungen der anderen bauen, und der Dritte hat Ärger mit seinem Sudhaus und braucht einfach einen Rat.

Als wir die notwendigen Genehmigungen für unsere Brauerei beantragten, bekamen wir wertvolle Tipps von unseren Kollegen aus Hamburg und Hannover. Wir geben Händlern Empfehlungen, welche Biere unserer Kollegen gut in ihr Portfolio passen. Und als ich 2014 zusammen mit Alexander Himburg vom Braukunstkeller Teilnehmer einer Podiumsdiskussion auf der Braukunst Live war, sagte Frank Böer, der Veranstalter der derzeit größten Kreativbier-Messe: «Immer nur das x-te IPA kann doch nicht alles sein. Wer von euch zur nächsten Braukunst Live einen alten deutschen Bierstil neu interpretiert, bekommt seinen Stand kostenlos.» Alexander und ich konterten sofort und ganz im Sinne der Kreativbier-Bewegung: «Dann brauen wir einen Gemeinschaftssud.» Gesagt, getan. Entschieden haben wir uns für ein altes Berliner Rezept – ein Rauchbier im Stil des klassischen Köpenicker Molls. Auf der nächsten Braukunst Live haben wir das Bier dann zusammen mit vielen spannenden Bieren aus beiden Brauereien an unserem Gemeinschaftsstand präsentiert.

Ebenso zeigt der Gemeinschaftssud von Christian (Hanscraft & Co) und Kolja (Mashsee), wie unkompliziert man sich untereinander hilft. Weil der eine sein Bier in der Heimat nicht brauen darf, bekommt er kurzerhand Unterstützung aus dem Norden. Und das sind nur einige wenige Beispiele einer lebhaften Szene. Auf Veranstaltungen stehen wir Schulter an Schulter und tauschen auch schon einmal die Zapfhähne. Uns sind Lieferverträge fremd, und keiner würde auch nur auf die Idee kommen, sein Bier exklusiv in einem Laden oder Lokal unterzubringen, denn uns allen liegt die Biervielfalt am Herzen, und die kann eben nur gemeinsam erreicht werden und nicht durch einen Verdrängungswettbewerb.

Da kam es unter den kreativen Brauern auch nicht gerade gut an, als herauskam, dass die Ratsherrn-Brauerei versucht hatte, sich den Begriff «Craft Beer» schützen zu lassen. Die Nordmann-Gruppe, die vor allem im Getränkegroßhandel aktiv ist, hatte die traditionelle Hamburger Biermarke *Ratsherrn* gekauft, um das Hamburger Pilsner als norddeutsches Premium-Bier neu zu positionieren. Die Brauerei in den Hamburger Schanzenhöfen wurde mit einem 50-Hektoliter-Sudhaus zunächst als Einsorten-Brauerei konstruiert. Noch vor der Eröffnung 2012 fand ein Umschwung statt, und Ratsherrn wurde als Teil der internationalen Craft-Beer-Szene und in diesem Zuge als Craft Beer Brewery positioniert.

Inzwischen hat sich aber auch in den Schanzenhöfen einiges getan. Mit Ian Pyle holte Ratsherrn sich einen erfahrenen und erstklassigen Craft Brewer aus den USA in die Hansestadt, und weil man sich an einer 50-Hektoliter Anlage nicht so richtig austoben kann, wurde eine Mikrobrauerei eingerichtet, auf der Ian nun spannende Biere braut. Bei kleinerer Ausstoßmenge kann man auch einmal ungewöhnlichere Biere wagen. Dagegen müssen die Biere aus der großen Anlage ein wenig sanfter daherkommen, um eine größere Käuferschicht anzusprechen. Für die kreative Bierszene war das sicher nicht schlecht. Mit der größeren Verbreitung ihrer Biere in Supermärkten und Kneipen hat Ratsherrn so manchen Käufer erstmals mit neuen Bierstilen in Berührung gebracht und Neugierde geweckt. Und mit dem Brauereigasthof Altes Mädchen, direkt neben der Brauerei, dem angrenzenden Craft Beer Store und dem Craft Beer Day, zu dem sie mehrmals im Jahr andere Brauereien einladen, hat Ratsherrn insbesondere die Hamburger Bierkultur ein gutes Stück vorangebracht.

DAS REINHEITSGEBOT – GARANT FÜR QUALITÄT ODER MARKETINGGAG?

⬥ Das Reinheitsgebot kennt jeder, ist doch klar, schließlich ist es die älteste Lebensmittelvorschrift der Welt. Das klingt toll, ist aber leider totaler Humbug. Denn das Reinheitsgebot als solches gibt es nicht. Das Wort «Reinheitsgebot» ist lediglich ein Marketingbegriff, der erstmals Anfang des 19. Jahrhunderts verwendet wurde, um deutsche Biere vor dem zunehmenden Import englischer Biere zu schützen.

Dafür hat man den herzoglichen Erlass von 1516 herausgekramt, der festlegte, dass zur Bierherstellung nur Gerste, Hopfen und Wasser verwendet werden durften. Schon damals hatte die Vorschrift nichts mit Reinheit zu tun. Vielmehr waren es Wirtschaftsinteressen, die zu dem Erlass führten. Die Biersteuer wurde nur auf Gerste erhoben, jedoch nicht auf andere Getreide. Hinzu kam, dass Weizen knapp war und für das Brotbacken verwahrt werden sollte. Fortan durften nur noch ausgesuchte Häuser Weißbier brauen, für die das Monopol eine lukrative Geldquelle war. Über diesem sagenumwobenen Dokument stand allerdings nie Reinheitsgebot – das wurde erst hinterher dazuretuschiert.

Was heute für Biere, die in Deutschland gebraut und in Deutschland in Verkehr gebracht werden, gilt, ist das vorläufige Biergesetz von 1993. (Nur in Bayern und Baden-Württemberg gilt noch das etwas strengere Reichsgesetzblatt von 1919.) Darin wird unter anderem geregelt, welche Rohstoffe in Deutschland zur Bierbereitung verwendet werden dürfen. Bei untergärigen Bieren sind es in der Tat nur Gerstenmalz, Hopfen, Hefe und Wasser. Bei obergärigen Bieren ist jedoch auch Malz aus anderen Getreidesorten, technisch reiner Rohr-, Rüben-, Invertzucker oder Zucker aus anderen Stärkequellen zulässig. Allein diese Unterscheidung entbehrt jeder logischen Grundlage – warum darf ich kein untergäriges Emmer- oder Weizenbier brauen? Mit welcher Begründung darf ich Zutaten in ein obergäriges Bier hinzugeben, die in einem untergärigen Bier nicht erlaubt sind? Das soll mir einmal jemand plausibel erklären.

Paragraph 9, Abs. 7 sagt allerdings auch: «Auf Antrag kann im einzelnen Falle zugelassen werden, dass bei der Bereitung von besonderen Bieren … von den Absätzen 1 und 2 abgewichen wird.» Ausnahmen sind also möglich, aber sie müssen von den zuständigen Landesbehörden bewilligt werden. Dabei stehen einige Bundesländer kreativen Bieren mit natürlichen Zutaten aufgeschlossener gegenüber als andere. Bayern beispielsweise macht keine Ausnahmen, hier sind «besondere Biere», die vom sogenannten Reinheitsgebot abweichen, gar nicht zulässig.

Georg Schneider von Schneider Weisse ist ein Verfechter des Reinheitsgebots. Er sieht sich dadurch in seiner Kreativität überhaupt nicht eingeschränkt, für ihn besteht der Reiz eher darin herauszufinden, was innerhalb der Grenzen alles machbar ist. Aber er hat auch Verständnis dafür, dass andere Brauer mit Früchten, Gewürzen oder Kräutern experimentieren möchten. «Dass nun keine Früchte oder anderen Zusatzstoffe erlaubt sind, ist nur der Tatsache geschuldet, dass das Reinheitsgebot definiert, was in Deutschland oder vor allem in Bayern Bier ist. Es ist ja nicht verboten, etwas mit Zusatzstoffen zu machen oder mit Früchten zu brauen, aber man darf es dann nicht als deutsches Bier verkaufen, sondern muss es entsprechend kennzeichnen», sagt Georg.

Aber wenn es nach dem bayrischen Brauerbund ginge, sollte auch das bald nicht mehr möglich sein. 15 Monate vor dem großen «500 Jahre Reinheitsgebot»-Jubiläum hat sich der Beirat des bayrischen Brauerbundes dagegen ausgesprochen, «durch die Verwendung anderer Bezeichnungen für Produkte, bei denen es sich augenscheinlich um Bier handelt, einer beliebigen Umgehung des Reinheitsgebotes Tür und Tor zu öffnen». Es gab auch schon Kollegen, bei denen Kontrolleure der Lebensmittelaufsicht angeklopft haben. Bei der bayrischen Camba Bavaria Brauerei führte das sogar dazu, dass sie ihr prämiertes *Milk Sout* vom Markt nehmen mussten, da es aufgrund seiner Rohstoffe von Amtes wegen kein Bier sei und auch kein Biermischgetränk (so hatte es die Brauerei deklariert) und somit nicht verkehrsfähig. Milk Sout ist ein international anerkannter Bierstil, der auch in Deutschland verkauft wird, allerdings nur wenn es im Ausland produziert wurde.

Von seinen Verfechtern wird häufig betont, dass das sogenannte Reinheitsgebot den Verbraucher schütze. Würde es wegfallen, gäbe es keinen Schutz mehr vor Panscherei. Ich hingegen denke, dass der Verbraucher des Lesens mächtig ist und anhand der Zutaten entscheiden kann, welches Bier er trinkt. Wenn denn alle Zutaten genannt werden müssten.

Aktuell ist die Liste nicht deklarierungspflichtiger Rohstoffe lang, und auch viele gängige Verfahren haben wenig mit Reinheit zu tun. Vor einigen Jahren gingen die Untersuchungsergebnisse des Chemischen und Veterinäruntersuchungsamts Karlsruhe durch die Presse. Untersucht wurden insgesamt 80 verschiedene dunkle Biere. Das Ergebnis war erschreckend. Lediglich 18 der 80 analysierten Biere wurden ausschließlich unter der Verwendung von dunklem Malz hergestellt. Bei 22 weiteren wurden lediglich Anteile dunklen Malzes nachgewiesen. Die restlichen 40 Biere wurden komplett durch Umfärbung aus hellem Bier hergestellt. Die Färbung erfolgte durch sogenannte Röstmalz-Konzentrate.

In vielen mittelgroßen bis großen Brauereien ist es gängige Praxis, das Wasser per Umkehrosmose in technisch reines H_2O

zu zerlegen, dann mit Mineralstoffen zu versetzen und wieder so zusammenzubauen, wie es gewünscht ist. Genauso gängige Industriebrauerei-Praxis ist es, im Sudhaus Hopfenextrakte einzusetzen – dabei werden die Bestandteile des Hopfens entweder mit Ethanol oder verflüssigtem CO_2 extrahiert und das Lösungsmittel hinterher wieder abgedampft. Die so entstehende zähe grüne Pampe ist sicherlich hocheffizient beim Einsatz, hat mit meinem Verständnis von Reinheit und Natürlichkeit aber nichts mehr zu tun. Immerhin muss dieser Zusatzstoff separat auf dem Etikett deklariert werden.

Schließlich werden viele Biere auch noch filtriert und stabilisiert, damit die geklärten Biere mindestens 18 Monate trübungsfrei bleiben. Dafür wird Kieselgur verwendet – ein Mehl aus versteinerten Kieselalgen, welches nur einmal verwendet werden kann und danach gesondert vom restlichen Müll entsorgt werden muss. Häufig kommt bei der Filtration auch noch PVPP (Polyvinylpolypyrrolidon) zum Einsatz – ein künstliches Polymer, das potenziell trübungsbildende Gerbstoffe bindet, im Filter zurückbleibt und dadurch «bis auf technisch unvermeidbare Anteile wieder ausgeschieden wird» (§ 9 Abs. 6). Deshalb ist PVPP (E1202) auch nicht deklarierungspflichtig. Und wenn wir mal ganz ehrlich sind, gibt es in Deutschland genug Sudhäuser, in denen Kanister mit per Gesetz zum Brauen nicht zulässiger technischer Milchsäure stehen.

Offen kommuniziert wird das natürlich nicht. Unter dem Schutzschild des sogenannten Reinheitsgebots wird der Öffentlichkeit auch weiterhin vorgegaukelt, dass im Bier nur Wasser, Malz, Hopfen und Hefe wären und sonst nichts. Zudem wird es als ältestes Lebensmittelgesetz der Welt vermarktet. Und gleichzeitig gibt es genügend deutsche Brauereien, die das Reinheitsgebot hochhalten, denen ihr Bier aber nicht zu schade ist, um es mit künstlichen Farb- und Aromastoffen zu mischen und als Biermischgetränke auf den Markt zu bringen. Was bitte hat das mit Reinheit zu tun? *Und:* Was soll daran schützenswert sein?

2013 richteten die deutschen Brauer, allen voran der deutsche und der bayrische Brauerbund, einen Antrag zur Anerkennung als Weltkulturerbe an die UNESCO. Das Auswahlgremium der UNESCO lehnte den Antrag ab, und die Begründung hat besondere Aufmerksamkeit verdient: «Das Bierbrauen nach dem Reinheitsgebot wurde in der dem Komitee vorliegenden Bewerbung leider nicht überzeugend dargestellt. Hier stand die Lebensmittelvorschrift zu sehr im Vordergrund. Wir hatten auch den Eindruck, dass die Bierproduktion inzwischen sehr industriell geprägt ist. Der Mensch als Wissensträger der Brautradition scheint zunehmend eine nachrangige Rolle zu spielen.»

Interessanterweise sind es gerade die jungen kreativen Brauer, die gerne auch einmal fernab des sogenannten Reinheitsgebots brauen, die der deutschen Brauszene wieder das Leben einhauchen, das die UNESCO vermisst. Der Brauer mit seiner Handwerkskunst steht bei ihnen wieder im Mittelpunkt. Auch rückt Bier in der Öffentlichkeit neu in den Fokus, es wird über Bier geredet und geschrieben, und zwar immer positiv. Es wird wieder als Genussmittel wahrgenommen, es kommt langsam aus der Preisfalle heraus, und die Konsumenten zelebrieren auf unzähligen Veranstaltungen die kreative Biervielfalt. Und zwar gerne auch mal mit natürlichen Gewürzen, Früchten oder Kräutern.

Dass ein Bier nicht Bier heißen darf, führt zwangsläufig zu skurrilen Situationen. Ein Kollege hat ein phantastisches Witbier gebraut, mit Orangenschalen und Koriander, genau so, wie der Bierstil es vorschreibt. Doch im Gegensatz zu den Bieren seiner belgischen Kollegen wurde sein Bier nicht zu einem europäischen Wettbewerb zugelassen. Denn es waren ausschließlich Biere zugelassen, und Bier durfte er sein Wit ja nicht nennen.

Ich bin gespannt, wann das Reinheitsgebot vor dem Europäischen Gerichtshof landet. Wenn das passiert, bin ich mir sicher, dass es fällt und das vorläufige Biergesetz überarbeitet werden müsste. Daran hat eigentlich kaum jemand einen Zweifel.

Bereits 2005 bemerkten die Richter des Bundesverwaltungsgerichts in einem Urteil (BVerwG C 5.04): «Ob dieses Reinheitsgebot verfassungsrechtlich zu rechtfertigen ist, ist umstritten. Es stellt eine Berufsausübungsregel dar und schränkt damit das Grundrecht des Bierbrauers aus Art. 12 Abs. 1 GG ein. Seinen rechtfertigenden Grund findet es nicht in den Belangen des Gesundheitsschutzes, sondern allein in der Pflege einer kulturellen Tradition – der deutschen Braukunst – und der Gewährleistung eines bestimmten Produktniveaus.» Weiter heißt es: «Die Pflege der kulturellen Tradition und die Gewährleistung eines bestimmten Produktniveaus erfordern es nicht, alle Abweichungen vom Reinheitsgebot zu verbieten, als handele es sich dann zwangsläufig um minderwertiges, trügerisches (gepanschtes) oder gar gefährliches Bier. Es genügen vielmehr Regelungen, die eine Fortsetzung der deutschen Brautradition auf anderem Wege sicherstellen, etwa privilegierende Bestimmung des Kennzeichnungsrechts oder auch Regelungen über die Ausbildung zum Braumeister.»

Diese Entscheidung des Bundesverwaltungsgerichts wurde gefällt, weil der Brauer der Klosterbrauerei Neuzelle einen langen Atem hatte. Zehn Jahre hatte Hartmut Fritsche dafür gekämpft, dass er sein untergäriges Bier *Schwarzer Abt*, das er nach der Filterung mit einer Prise Zuckersirup versüßte, auch Bier nennen darf. Die Richter des Bundesverwaltungsgerichts gaben ihm recht und fanden in ihren Leitsätzen deutliche Worte: «Ein unter Einhaltung des Reinheitsgebotes gebrautes, untergäriges Bier, dem nach der Filtrierung aus geschmacklichen Gründen Invertzuckersirup zugesetzt wird, ist ein ‹besonderes Bier› im Sinne von §9 Abs 7 VorlBierG, dessen Herstellung genehmigt werden kann. Ein ‹besonderes Bier›, dessen Herstellung genehmigt ist, darf unter der Bezeichnung ‹Bier› in den Verkehr gebracht werden.»

Aber muss es wirklich so weit kommen, dass ein Gericht entscheidet? Und vor allem: Was kommt dann, und wollen wir das, was dann kommt? Es besteht durchaus die Gefahr, dass dann Tür und Tor geöffnet werden und große Industriebrauereien anfangen, jedes technische Hilfsmittel zu nutzen, um ihr Bier noch billiger produzieren zu können.

Die Zeit ist reif für einen Wandel, und noch haben wir Brauer die Möglichkeit, diesen Wandel mitzubestimmen. So langsam scheint selbst bei dem deutschen und dem bayerischen Brauerbund die Einsicht einzukehren, dass das Biergesetz von 1993 überarbeitet werden muss. Was wir brauchen, ist die Weiterentwicklung zu einem Natürlichkeitsgebot. Künstliche Hilfsmittel, die nur der Kostensenkung oder Mindesthaltbarkeitsverlängerung dienen, sowie Hopfenextrakt und PVPP sollten für die Bierherstellung nicht mehr zulässig sein. Dafür sollten auf der anderen Seite alle natürlichen und für den menschlichen Genuss geeigneten Rohstoffe – in ihrer natürlichen Form, nicht als Extrakte – für die Bierproduktion zugelassen werden.

Dann hätten wir ein echtes Reinheitsgebot, auf das wir zu Recht stolz sein könnten und mit dem sich alle Brauer, auch die kreativen und unkonventionellen, identifizieren könnten. Ein Schritt in die Richtung wäre doch ein großartiger Paukenschlag zum 500-jährigen Jubiläum des sogenannten Reinheitsgebots.

AUF EIN BIER MIT NORBERT KRINES

Norbert Krines ist Bier-Blogger. Er trinkt seit über vier Jahren jeden Tag ein anderes Bier aus seiner Heimat Franken und berichtet darüber auf seiner Internetseite.

OLLI: Norbert, was machst du, wenn du im Urlaub in Italien oder an der Nordsee bist? Hast du immer einen Vorrat an fränkischen Bieren im Gepäck?

NORBERT: Jein. Also meistens habe ich tatsächlich ein paar Flaschen mit fränkischem Bier dabei, sozusagen gegen den ersten Durst, wenn man auf dem Campingplatz das Zelt aufgestellt hat und der Campingplatz-Supermarkt nur internationales Konzernbier in Dosen vorrätig hat. Aber danach versuche ich, die lokale Bierszene zu entdecken – mit wahnsinnig interessanten Eindrücken. So habe ich mal im Urlaub in Frankreich und Katalonien Biere entdeckt, von denen ich heute noch schwärme.

OLLI: Du hast deinen Blog mit den Worten begonnen: «Wenn man jeden Tag ein anderes Bier aus Franken trinkt, wie weit kommt man da eigentlich?» Hast du darauf inzwischen eine Antwort?

NORBERT: Nein, außer vielleicht die, dass man nach vier Jahren noch nicht alle Biere kennt.

OLLI: Hast du schon einen Plan, was du machst, wenn du alle fränkischen Biere einmal getrunken und vorgestellt hast?

NORBERT: Vielleicht meine Bier-Memoiren schreiben? Wer weiß? Einen Plan für das «Danach» gibt es im Moment noch nicht, was daran liegt, dass ich das Projekt zunächst nur ein Jahr betreiben wollte. Mit der Zeit ist es dann gewachsen und hat sich auch hier und da Stück für Stück verändert. Irgendwann wird sicher der Punkt kommen, an dem ich nicht mehr jeden Tag über ein neues Bier schreiben kann. Denn die ganzen Biere zu besorgen ist bisweilen auch ein logistisches Problem. Aber was dann kommt, sehe ich, wenn es so weit ist.

OLLI: Du hast inzwischen über tausend verschiedene Biere getrunken, die alle in Bayern und damit nach dem bayerischen

Reinheitsgebot gebraut wurden. Wie ist deine Erfahrung, gibt es auch innerhalb der geltenden Gesetze eine große Biervielfalt? Wie viele verschiedene Bierstile waren dabei?

NORBERT: Nun, nicht alle waren oder sind nach dem Reinheitsgebot gebraut. Es gibt auch in Bayern die eine oder andere «Biermanufaktur», die bisweilen gegen das Reinheitsgebot braut. Außerdem beschreibe ich gelegentlich Biere von Hobbybrauern, die ja nicht an die gängigen Regelungen gebunden sind. Da sind dann belgische Witbiere genauso dabei wie mittelalterliche Kräuter- und Gewürzbiere. Auch innerhalb des Reinheitsgebots gibt es eine größere Vielfalt, als man deutschlandweit denkt, z. B. durch diverse Rauchbiervariationen, Keller- und Zwickelbiere, Zoigel, Kräusenbiere, Keller-Pilsner und, und, und. Allerdings fällt einem im direkten Vergleich auch immer mehr die Monotonie bei manchen Bierstilen auf. Im Bereich Pils gibt es zwar theoretisch viel Auswahl, geschmacklich sind die Unterschiede aber oft marginal.

OLLI: Insbesondere der bayerische Brauerbund steht den kreativen Brauern sehr skeptisch gegenüber. Wie lebt es sich als bierliebender Reinheitsgebotskritiker in Bayern?

NORBERT: Erstaunlich ruhig! Aber ich renne auch nicht jeden Tag mit einem Schild «Nieder mit dem Reinheitsgebot!» durch die Gegend. Und eigentlich will ich es ja nicht als solches abschaffen, sondern eher dass die Brauwirtschaft den Gedanken der «Reinheit» wieder ernst nimmt. Wer mit dem Reinheitsgebot und dem Anspruch an Tradition und Ursprünglichkeit wirbt, der muss sich im Zweifelsfall auch daran messen lassen. Die vielen «technischen Schlupflöcher», die die gängigen Regelungen bieten, helfen doch letztlich vor allem den nationalen und internationalen Braukonzernen. Die deutsche, bayerische oder fränkische Bierkultur erhält man nicht alleine durch das Reinheitsgebot. Das sehen viele mittelständische und kleine Brauereien übrigens genauso. Da bekomme ich durchaus auch immer wieder Zuspruch. Auch die

Konsumenten zeigen sich interessiert, was trotz Reinheitsgebot alles möglich ist. Dass auf einem Coffee-Stout irgendwann mal statt «alkoholhaltiges Malzgetränk mit Kaffee» «Kaffee-Bier» stehen könnte, schreckt die Leute nicht so sehr wie den bayerischen Brauerbund. Übrigens würde ich ja sagen, dass ich gar nicht in Bayern lebe, sondern in Franken. Für uns ist das ein kleiner, aber feiner Unterschied.

AUSBLICK –
WO GEHT ES HIN?

⬥ Inzwischen haben auch die fitten, hochbezahlten Marketing-abteilungen der großen Brauereien erkannt, dass Kreativbier weit mehr ist als nur ein Trend. Aber sollen sie sich doch unsere Attribute aneignen, umso mehr adelt es uns. Wir kleinen Kreativen haben einen großen Vorteil – wir sind diejenigen, die die Ärmel hochkrempeln, die experimentieren können. Wir brauen, worauf wir Lust haben. Wir haben keine langen Entwicklungsketten, uns redet niemand rein, und wir sind aufgrund der kleinen Ausstoß-menge extrem flexibel.

Solange jemand, egal ob groß oder klein, ein gutes Produkt auf den Markt bringt, das wirklich besonders ist und nicht nur Standardbier mit ein bisschen Hopfenaroma, ist alles bestens. Jedes gut gemachte Bier ist ein Gewinn für die deutsche Bierkultur. Dabei können die Biere der Großen für uns sogar Wegbereiter sein, da sie mit ihren Werbemillionen eine viel breitere Masse erreichen können.

Leider gibt es allerdings auch diejenigen, die nicht mit dem nötigen Herzblut an die Sache herangehen und sich einfach nur denken: «Oh, da ist ein neuer Trend, den nehme ich mit.» Dann wird ein halbgares Produkt in eine schicke Flasche gefüllt und zu einem höheren Preis verkauft. Davon werden Erstkunden abgeschreckt, die das Bier probieren, enttäuscht sind und sich darüber ärgern, so viel Geld ausgegeben zu haben. Es besteht die Gefahr, dass sie nach so einem Erlebnis kein kreatives Bier mehr anrühren. Wobei ein qualitativ schlecht gebrautes Bier von einem kreativen Autodidakten die Konsumenten genauso abschrecken kann wie ein langweiliges Industriebier, das einfach nur durch eine aufwendige Marketingkampagne in Szene gesetzt wird.

Das heißt natürlich nicht, dass es bald nur noch geschmacksintensive Biere geben soll. Die neuen Biere werden die klassischen nicht verdrängen, das wollen wir auch gar nicht. Wir werden mit unseren kreativen Bieren auch langfristig nur einen kleinen Prozentsatz des Marktes einnehmen. Worum es mir geht, ist die Vielfalt – und dafür benötigt es klassische Bierstile genauso wie die Neuinterpretationen. Dabei soll das Kreativbier aber auf keinen Fall nur für eine elitäre Nische bestimmt sein, in der ein paar Bierverrückte wetteifern, wer das abgefahrenste Bier als Erster trinkt.

Viel spannender ist es doch für jeden Genussmenschen zu sehen, was für eine unglaubliche Vielfalt fernab der Fernsehbiere heute schon zu haben ist. Ein Lager mit einer fruchtigen Hopfennote gehört genauso dazu wie ein Oud Bruin, das geschmacklich an Rotwein und alten und milden Balsamico erinnert.

Und wir befinden uns erst ganz am Anfang. Es ist noch viel mehr möglich, allein schon wenn wir uns auf alte deutsche Bierstile konzentrieren würden. Es ist an der Zeit, dass wir deutschen Kreativbrauer uns emanzipieren und all diese Schätze bergen. Denn schon jetzt erfreuen sich klassische deutsche Stile wie Altbier, Berliner Weiße, Gose oder Kölsch bei ausländischen Brauern und Konsumenten immer größerer Beliebtheit.

Und nicht nur wir Brauer können neue Pfade einschlagen. Auch für Bierliebhaber ist es gerade eine unglaublich spannende Zeit. Jeder kann einfach einmal schauen, was es in der eigenen Umgebung gibt, kann verschiedene Bierstile für sich entdecken, auch einmal sagen: «Das schmeckt mir nicht», und ein anderes Bier probieren. Denn kreative Biere sind nun mal Geschmackssache.

AUF EIN BIER MIT PETER EICHHORN

Peter Eichhorn ist Journalist, lebt in Berlin und hat die neue deutsche Bierkultur von Anfang an mit einem enthusiastischen, aber immer auch kritischen Blick begleitet und beschrieben. Für mich ist er einer der wenigen, wenn nicht DER Beobachter der Szene, der die Entwicklung des deutschen Biermarktes mit einem tiefen Interesse und einer großen Begeisterung beobachtet und einordnet, dabei aber nie die Position eines professionellen und objektiven Berichterstatters verlässt.

OLLI: Peter, der deutsche Biermarkt ist zurzeit unglaublich dynamisch – hast du da gerade noch den Überblick?

PETER: Dynamisch stimmt. Die zahlreichen neuen Marken und Biere werden ja wöchentlich mehr. Allerdings bin ich nicht bereit, blind jedes neue Brauprojekt und Bier ungeprüft zu bejubeln. Der Boden für den Markt ist bereitet, immer mehr Endverbraucher sind bereit, angemessenes Geld für wertige Biere zu bezahlen. Davon wollen natürlich auch einige Unternehmungen profitieren, deren Intention und Braukompetenz nicht viel mit dem eigentlichen Craft Brewing Spirit zu tun haben.

OLLI: Was muss ein kreativer Brauer deiner Meinung nach mitbringen?

PETER: Viel Energie und Ausdauer. Dazu Sorgfalt, auch über den Sudkessel hinaus. Wer es ernst damit meint, in einem neuen, dynamischen Markt auch unternehmerisch zu bestehen, muss rasch Erfahrung sammeln – Geschmack, Handwerk, Zutaten, Verfahren –, um den Vorsprung der internationalen Brauer aufzuholen und auszugleichen. Zu eigenbrötlerisch und menschenscheu sollte man auch nicht sein. Craft Brewing lebt mitunter davon, dass es ein Gesicht zu dem Produkt gibt.

Zudem sollte der Brauer auch sorgfältige Zielsetzungen entwickeln, kurz-, mittel- und langfristig. Ich erlebe immer wieder Brauprojekte, die sich verzetteln und zu viel auf einmal wollen. Oder auch solche, die zwar ein ordentliches Bier brauen, dann aber teilweise komplett versagen, wenn es um Kommunikation und Markenauftritt, Etikettendesign, Konstanz bei der Produktqualität oder Lieferbarkeit geht.

OLLI: Du hast die neue deutsche Bierszene von Anfang an beobachtet – warum hat sie im Vergleich zu anderen Ländern erst so spät, dann aber doch so rasant an Fahrt aufgenommen?

PETER: In der Tat ist Deutschland extrem spät dran, die Impulse des Craft Brewing aufzugreifen. Ein wesentlicher Grund ist sicher der, dass in Deutschland nicht der Leidensdruck bei Bier herrschte, wie es ihn in anderen Ländern gab, die viel früher mit den kreativen Brauverfahren experimentierten. Die Industriebiere in Deutschland verfügen im Vergleich – beispielsweise zu denen in den USA – über eine sehr hohe Qualität und einen sehr günstigen Preis. In den USA entstand die neue Bierbewegung ja vor allem aus den Sudkesseln der Heimbrauer. Bei zahlreichen Gesprächen mit Brauern in Deutschland berichteten diese oft von ihrer Ausbildung, in der ihre Sensorik auf die Wahrnehmung von Fehlaromen gut trainiert wurde, aber ein Impuls, eine aromatische Vielfalt brautechnisch umzusetzen, unterblieb. Technik und Handwerk waren somit gegeben. Endlich kam ein Anreiz hinzu, Vielfalt und Geschmack mit einzubeziehen. Den Brauern fiel auf, dass sie genau das vermisst hatten, manchmal ohne es zu merken. Aber jetzt legen sie eben umso eifriger los. Großartig.

OLLI: Wie lautet deine Prognose – wie wird die deutsche Bierszene in fünf oder zehn Jahren aussehen? Worin liegen die Chancen und Gefahren der Brauer?

PETER: Immer mehr Verbraucher werden Kenntnisse über Bier erlangen und in der Lage sein, Qualitäten zu schmecken und einzufordern. Noch wird jedes neue Projekt von einer Fan-Community bejubelt, es wird nicht mehr lange dauern, dann sind immer mehr Verbraucher in der Lage, ein gutes Bier gemäß seinem Bierstil wertzuschätzen und – auch wichtig – ein mäßiges Bier zu identifizieren und abzulehnen.

Der Markt und seine freundschaftliche Brau-Szene wächst, und manchmal fürchte ich mich vor dem Tag, an dem aus Kollegen Konkurrenten werden. Demnächst werden auch internationale Marken den wachsenden Markt in Deutschland erkennen und ihre Produkte professionell platzieren. Etliche Brauereien aus den USA, Norwegen oder Italien verfügen über ausgereiftere Produkte als manch hiesiges Start-up. Die einheimischen Brauer können dagegen mit Regionalität punkten und der reichen Vielfalt deutscher Brautraditionen. Es gibt so viele vergessene Bierstile neu zu entdecken. Aber noch ein neues deutsches West Coast Pale Ale? Wenn die kalifornischen Marken besser erhältlich sind, braucht das kein Mensch, dann liegt die Stärke in neu entdeckter Tradition, wie Bockbieren, Rauchbieren, Gose, Lichtenhainer oder Broyhan.

OLLI: Lass uns einmal träumen – wie sieht für dich die ideale Bierwelt aus?

PETER: Wenn mein Glas voll ist. Nein, im Ernst: Ich liebe Genusskultur und Vielfalt, und ich wünsche mir, dass Bier darin eine neue und anspruchsvolle Rolle spielt. Dass die Menschen wieder lernen, bei ihrer Bierbestellung eine echte Wahl zu treffen. «Ein Bier, bitte!» wird als Bestellung nicht mehr hingenommen. Ich wünsche mir, dass in mehr Restaurants eine Bierbegleitung genauso selbstverständlich ist wie eine Weinbegleitung. Bier ist Handwerk und Hingabe. Zudem ist es köstlich und verdient eine Gleichbehandlung als Genussmittel und flüssige Delikatesse.

In einer idealen Bierwelt herrschte auch ein entspannterer Um-

gang mit dem sogenannten Reinheitsgebot. Es sollte ein hervorragendes Qualitätssiegel sein und nicht – wie derzeit – ein falsch
interpretiertes Dogma, das die Biervielfalt behindert. Ich wünsche
mir ein Natürlichkeitsgebot und dass jeder Brauer für sein Bier
entscheidet, ob es nach den Kriterien des sogenannten Reinheitsgebots gebraut ist oder eben darüber hinausgeht.

5.
DAS IST
BIER

WAS DRIN IST

🔸 Bier ist Leidenschaft, Bier ist Genuss, Bier ist Vielfalt. Meine Reise durch die Welt der Biere endete nicht an der deutschen Grenze, und genauso hört meine Definition von Bier auch dort nicht auf.

Neben der Bundesrepublik blicken auch andere Länder, wie beispielsweise unsere Nachbarn Belgien und England, auf eine jahrhundertealte Bierhistorie zurück. Heute werden weltweit auf Grundlage dieser europäischen Traditionen großartige Biere gebraut. Bestes Beispiel hierfür ist das Flaggschiff der US-Craft-Beer-Bewegung mit seinen englischen Wurzeln: Um Abwechslung in ihre triste Bierauswahl zu bringen, wählten US-amerikanische Heimbrauer den urbritischen Bierstil Pale Ale und interpretierten diesen neu. Was folgte, war ein wahrer Craft-Beer-Boom, der inzwischen auch in Deutschland angekommen ist.

Die Biere, die mich beeindrucken, sind charakterstarke Biere, die einen bleibenden Eindruck hinterlassen. Dabei geht es um Genuss statt Masse und Kommerz. Wobei der Einsatz natürlicher Rohstoffe eine Grundvoraussetzung für ein gutes Bier ist. Neben Wasser, Malz, Hopfen und Hefe können das für mich gerne auch Früchte, Gewürze oder Kräuter sein, doch auf keinen Fall künstliche Hilfsstoffe oder Extrakte. Was ich von dem sogenannten deutschen Reinheitsgebot halte, habe ich ja bereits kundgetan. Jetzt geht es darum, die Zutaten vorzustellen, mit denen großartige Biere entstehen. Die Variationsmöglichkeiten sind schier unbegrenzt.

HOPFEN

Der Hopfen hat eine bewegte Vergangenheit. Einst wurde er gefeiert, dann wurde er lange Jahre nur als Bittere-Lieferant missbraucht, und so langsam bekommt er die Wertigkeit zurück, die er verdient. Denn Hopfen kann so einiges – er ist nicht nur für die Bittere im Bier verantwortlich, er macht es auch haltbar, fördert eine erhöhte Schaumbildung und bringt nicht zuletzt eine unglaubliche Aromavielfalt mit. Weltweit gibt es 200 verschiedene Hopfensorten, und das Geschmacksprofil reicht von Heidelbeere über Pfirsich, Mango bis hin zu Limette, Anis oder Minze.

Aber was der Hopfen aromatechnisch alles draufhat, rückt erst seit kurzem immer mehr ins Bewusstsein deutscher Brauer. Daher verbinden die meisten Deutschen den Hopfen nach wie vor allein mit der Bittere im Bier. Wenn man dann noch eine grasige Note riechen kann, wird das gerne als Hopfenaroma interpretiert.

Der US-amerikanische Craft-Beer-Pionier Ken Grossman erkannte das Potenzial des Hopfens bereits in den siebziger Jahren. Und zwar ziemlich genau zu der Zeit, zu der die deutschen Brauer aufhörten, mit getrockneten Dolden zu brauen, Extrakte und Pellets in deutsche Brauereien Einzug hielten und es nicht darum ging, wie viel Hopfen eine Brauerei bestellte, sondern darum, wie viel Bitterstoffe. Die amerikanische Hopfensorte Cascade hatte es Ken besonders angetan. Er hatte herausgefunden, dass der Cascade-Hopfen bei entsprechender Dosierung ein phantastisches Aroma ins Bier bringt.

Damals noch als Heimbrauer fuhr Ken in das größte Hopfenanbaugebiet der USA, nach Yakima, und überzeugte die Hopfenhändler davon, ihm einen sogenannten «brewers cut» des Cascade-Hopfens zu verkaufen. Die Menge, die normalerweise Großbrauereien von seinem Lieblingshopfen als Muster bekamen, reichte Ken für seine ersten Sude. Heute hat der ehemalige Heimbrauer in seiner Sierra Nevada Brewing Company in Chico/ Kalifornien 65 verschiedene Aromahopfen und eine Gesamtmenge von 100 Tonnen Doldenhopfen auf Lager. Und dabei ist nur von den Kühlräumen direkt in der Brauerei die Rede. Der Rest des Hopfens, der für das ganze Jahr gebraucht wird, lagert in Kühlhallen außerhalb und wird in die Brauerei gebracht, wenn er gebraucht wird.

Nach Angaben der amerikanischen Brewers Association nimmt die US-Craft-Beer-Industrie heute die Hälfte des in den USA verkauften Hopfens ab, und das obwohl ihr Anteil am Biermarkt nur knapp über zehn Prozent liegt.

So weit sind wir in Deutschland freilich noch nicht, aber auch hier steigt der Hopfenbedarf stetig an. Viele der kreativen Biere werden mit einem Vielfachen der Hopfenmenge herkömmlicher Biere gebraut. Daran müssen sich auch die Hopfenhändler erst mal gewöhnen. Bei einer meiner Hopfenbestellungen war der Händler überzeugt davon, dass ich mich bei meinem Rezept massiv verrechnet hatte. Er konnte nicht glauben, dass ich wirklich so eine große Menge Hopfen in einen vergleichsweise kleinen Sud geben wollte.

Was ist das eigentlich für eine Pflanze, die so wichtig ist für das Bier?

Für Hopfenliebhaber findet die Bescherung bereits im Spätsommer statt. Seit Gründung meiner Kehrwieder Kreativbrauerei fahre ich jedes Jahr im September zur Hopfenernte in die Hallertau. Meine Vorfreude auf den Tag ist vergleichbar mit der eines Kindes, das gleich Geschenke bekommt.

Die Hopfenpflanzen ranken an bis zu acht Meter hohen Laufdrähten und bilden eine saftig grüne Wand. Jedes Jahr im Frühjahr werden die Laufdrähte in der schwindelerregenden Höhe per Hand eingehängt. Der Hopfen ist eine Kletterpflanze, die bis zu 50 Jahre alt werden kann und vegetativ vermehrt wird, indem aus Teilen eines Wurzelstocks, wie beim Wein, neue Jungpflanzen herangezogen werden. Wenn der Wurzelstock neu gesetzt wird, vergehen bis zum vollen Ertrag drei Jahre.

Im Mai ist erneut Handarbeit gefragt. Im Uhrzeigersinn werden drei etwa gleich große Triebe um die Aufleitdrähte gedreht – auch anleiten genannt. Hopfen wächst schnell, mit seinen kleinen Klimmhaaren rankt er sich nach oben. Durchschnittlich zehn Zentimeter pro Tag, unter günstigen Bedingungen können es auch schon einmal 35 Zentimeter sein. Es gibt in Deutschland keine Pflanze, die schneller wächst.

Der Hopfen gehört zur Familie der Hanfgewächse und bildet männliche und weibliche Pflanzen aus. Wobei nur die weibliche Pflanze die für das Brauen so wertvollen Dolden bildet. Diese sollen auf jeden Fall unbefruchtet bleiben, da die Hopfensamen der männlichen Pflanze Öle enthalten, die den Schaum des Bieres in seiner Stabilität stark negativ beeinflussen. Daher wird auf deutschen Plantagen sehr genau darauf geachtet, dass in der Nähe nur weibliche Pflanzen existieren. In einigen anderen Ländern, insbesondere in England, wird ein gewisser Prozentsatz an Hopfensamen beim Brauen geduldet. Eine Erklärung dafür, warum das englische Bier häufig eine geringe Schaumbildung aufweist.

Für den Hopfenbauern ist es eine große Herausforderung, den richtigen Erntezeitpunkt zu finden, denn durch einen Fehler kann die Arbeit eines ganzen Jahres zunichte gemacht werden.

Erntet er zu früh, hat sich vielleicht noch nicht das ganze Aromapotenzial herausgebildet. Wartet er zu lange, kann ein Unwetter die Pflanzen zerstören. Der richtige Erntezeitpunkt ist zudem von Hopfen zu Hopfen unterschiedlich, was den Hopfenbauern auch noch vor eine logistische Herausforderung stellt. Er muss die Erntehelfer so einsetzen, dass es für die verschiedenen Hopfensorten passt. Der Hopfenbauer, bei dem ich regelmäßig zu Gast bin, kann jedem Hopfen die ideale Reifezeit einräumen. Er baut nämlich nicht nur Hopfen, sondern auch Obst an. Und wenn ein Hopfen noch ein bisschen mehr Zeit braucht, um sein Aroma vollständig zu entfalten, werden die Helfer zwischendurch einfach zur Apfelernte eingesetzt. So kann er jedem Hopfen genau die ideale Reifezeit einräumen.

Nimmt man die Dolde in die Hand, fühlt sie sich weich, fast fluffig an. Wenn man sie entlang der Mittelachse aufbricht, kommt das sogenannte Lupulin zum Vorschein. Der Stoff, in dem sich die Alphasäure und die ätherischen Öle der Pflanze befinden. Die Alphasäure sorgt für die Bittere, die ätherischen Öle bringen die Aromen ins Bier. Der Duft von frischem Hopfen ist ziemlich unbeschreiblich. Bei der Entwicklung des Aromas spielt nicht nur die Pflanzenart eine Rolle, sondern auch der Boden, die Witterung und der Erntezeitpunkt. Beispielsweise hat ein Hopfen aus Deutschland ein anderes Aromaprofil als die gleiche Sorte, die in den USA angebaut wird.

Wenn die Ernte beginnt, werden die Hopfenpflanzen am Wurzelstock abgeschnitten, der Reißarm zieht die Pflanze mit sich, reißt sie vom oberen Faden ab, und die Reben fallen im ganzen Stück auf den Hänger. Zurück auf dem Hof, kämmt die Pflückmaschine unter lautem Getöse die Dolden von den Reben. Die Hopfendolden haben einen Wassergehalt von 78 bis 84 Prozent. Um sie lagerfähig zu machen, müssen sie sofort getrocknet werden, sonst verdirbt die Ernte.

Während ein Großteil des Hopfens zum Trocknen in die sogenannte Darre kommt, belade ich zusammen mit meinem Brauerkollegen Max Krieger das Auto bis unters Dach mit frischem Hopfen. Im Riedenburger Brauhaus füllen wir den frischen grünen Hopfen direkt in den Sudkessel. Dabei verwenden wir aufgrund des Wassergehalts im Hopfen die 5- bis 10-fache Hopfenmenge. Seit der Ernte sind nur wenige Stunden vergangen. Näher kann ein Bier dem Hopfen nicht kommen.

Zurück zu den Anfängen – der Ursprung des Hopfens

Raus aus der Praxis, rein in die Geschichte. Es gibt viele Forschungsansätze, die sich mit der Herkunft des Hopfens auseinandersetzen, und genauso viele drehen sich um die Frage, wann Hopfen das erste Mal zum Brauen verwendet wurde. Die verschiedenen Abhandlungen kommen zu sehr unterschiedlichen Ergebnissen; beschäftigt man sich mit den teils sehr widersprüchlichen Theorien, stellt man eigentlich fest: Was Genaues weiß man nicht. Bis heute ist unklar, ob der Hopfen nun während der Völkerwanderung aus Vorderasien nach Zentraleuropa gelangt ist oder ob einfach der wildwachsende Hopfen in Europa allmählich kultiviert wurde.

In historischen Darstellungen beginnt die Hopfen-Zeitrechnung meist mit Hopfengärten im 8. Jahrhundert. Vorher gibt es schlichtweg keine Aufzeichnungen über Hopfen. Vielleicht wurde er schon früher genutzt, nur hat es dann keiner schriftlich festgehalten. Obwohl, wenn man es genau nimmt, erwähnte bereits der Seefahrer und Naturforscher Plinius kurz nach Christi Geburt Hopfen in seinen Aufzeichnungen. Weil die Pflanze wie ein Wolf die Weide anfällt, gab er ihr den lateinischen Namen «lupulus salictarius». Im Laufe der Zeit wurde daraus die noch heute gebräuchliche Bezeichnung «humulus lupulus». Der US-amerikanische Craft Brewer Vinnie Cilurzo von der Russian River Brewing Company nannte sein Double IPA (India Pale Ale) *Pliny the Elder*, um den Namensgeber der wichtigsten Zutat dieses Bieres zu ehren.

Die Entdeckung, dass Hopfen dem Bier guttut, wird experimentierfreudigen Mönchen zugeschrieben. Am wahrscheinlichsten ist wohl, dass die Geistlichen zunächst Wildhopfen an den Waldrändern und Flusstälern sammelten und diesen erst später in ihren Hopfengärten kultivierten. Ob sie die Pflanze bereits als Heilmittel mit beruhigender Wirkung angebaut hatten und dann erkannten, dass der Hopfen ihr Bier länger haltbar macht, ist nicht genau geklärt.

Die Erkenntnis, dass Hopfen das Wachstum von Bakterien im Bier hemmt, es damit länger haltbar macht und darüber hinaus noch den Geschmack verfeinert, führte dazu, dass Klöster und Königshöfe, die Hauptbierproduzenten, den Anbau und eine weitere Kultivierung des Hopfens vorantrieben. Parallel wurden aus kleinen Hausbrauereien größere Produktionsstätten, was wiederum zu einer Verbreitung des Hopfenanbaus führte. Zur Zeit der Hanse entstand in Norddeutschland eine bedeutende Brauwirtschaft, und der Handel mit Hopfen brachte den hanseatischen Handelsherren gute Erträge. So kam es, dass der Schwerpunkt des deutschen Hopfenanbaus zunächst in Norddeutschland lag. Mit dem Niedergang der Hanse kam aber auch der Hopfenhandel und damit der Hopfenanbau im Norden zum Erliegen. In Süddeutschland hingegen breiteten sich die Anbauflächen weiter aus. Bis heute wird Hopfen in Tettnang, Spalt, der Elbe-Saale-Region und in der Hallertau angebaut. Damit kommt Deutschland insgesamt auf eine Anbaufläche von knapp 17 000 Hektar und steht weltweit an erster Stelle, gefolgt von den USA mit 15 000

Hektar. Das weltweit größte zusammenhängende Hopfenanbaugebiet ist seit 1966 die Hallertau.

Bis Mitte des 20. Jahrhunderts war die Sortenvielfalt in Deutschland noch sehr überschaubar. Es gab vier verschiedene Hopfen – Hallertauer, Hersbrucker, Spalter und Tettnanger –, die sogenannten Landsorten, die nach dem jeweiligen Anbaugebiet benannt waren.

In den fünfziger Jahren stieg der Hopfenbedarf in den Brauereien, und die Hopfenbauern vergrößerten ihre Anbauflächen, um der Nachfrage gerecht zu werden. Leider reichten oftmals die Pflück- und Trockeneinrichtungen nicht aus, um den vergrößerten Anbau auch zu verarbeiten. Neue Sorten mit unterschiedlichen Reifezeiten waren gefragt. Bei der Entwicklung der neuen Sorten wurde dabei auch gleich auf eine Krankheits- und Schädlingsresistenz, gute Anbaueigenschaften, hohen Ertrag und eine hervorragende Brauqualität geachtet. So entstanden im Hopfenforschungszentrum Hüll in der bayrischen Hallertau Sorten wie Perle, Hallertauer Tradition und Spalter Select.

Noch bis in die sechziger Jahre brauten die deutschen Brauereien ausschließlich mit Doldenhopfen. Aber schließlich wurde auch bei der Verarbeitung des Hopfens geschaut, wie die Brauereien noch effizienter arbeiten könnten. Heute werden 95 Prozent der Hopfenernte weltweit in Pellets und Hopfenextrakt verarbeitet. Der Hopfen wird vermahlen und im Fall der Pellets gepresst und luftdicht verpackt. Für den Extrakt werden die Hopfenöle und -harze aus dem Hopfenpulver gelöst. Die Produkte brauchen weniger Platz, sind länger haltbar und lassen sich exakter dosieren. Die Pellets vom Typ 45 und den Extrakt können sich die Brauereien individuell aufbereiten lassen, mit genau dem gewünschten Anteil an Bitter- und Aromastoffen. Was beim Anleiten der Reben noch mit Handarbeit beginnt, endet schließlich in Laboren und hochtechnisierten Betrieben.

Hopfenprodukte

DOLDENHOPFEN

Hopfen in seiner reinsten Form – geerntet, getrocknet und verpackt. Doldenhopfen muss kühl, trocken, dunkel und unter Ausschluss von Sauerstoff gelagert werden. Kreative Brauer verwenden die Dolden oder Typ-90-Pellets.

PELLETS

Typ 90 – der getrocknete Hopfen wird gemahlen und gepresst. Aus 100 Kilogramm Hopfendolden werden 90 Kilogramm Pellets. Entfernt werden lediglich die Stiele.

Typ 45 – der getrocknete, gemahlene Hopfen wird auf einen vorgegebenen, stets gleichbleibenden Bitterstoffwert standardisiert. Aus 100 Kilogramm Doldenhopfen entstehen 45 Kilogramm Pellets. Pflanzenmaterial wird entfernt. Pellets müssen kühl gelagert werden.

EXTRAKT

Mit Hilfe von Ethanol oder flüssigem Kohlendioxid werden Hopfenöle und -harze aus dem getrockneten, gemahlenen Hopfen gelöst. Extrakte sind ideal für die industrielle Produktion von Bier. Sie lassen sich leicht dosieren, der Bitterstoffgehalt ist hoch konzentriert und immer gleich, sie nehmen wenig Lagerplatz in Anspruch, und eine Kühlung ist nicht notwendig.

In den siebziger Jahren trat die Bedeutung des Hopfens im Bier immer weiter in den Hintergrund. War er lange Zeit für eine längere Haltbarkeit unverzichtbar, ließ sich das Bier mit Hilfe moderner Technik nun auch ohne Hilfe des Hopfens haltbar machen.

Gefragt waren inzwischen nur noch die Bitterstoffe der Pflanze. Die Hopfenbauern reagierten auf die Nachfrage mit der Entwicklung von Hochalphasorten wie Magnum und Herkules, die einen sehr hohen Bitterstoffgehalt aufweisen, aber kaum Aroma.

Noch als ich Ende der neunziger Jahre an der Versuchs- und Lehranstalt für Brauwesen der TU Berlin studiert habe, drehte sich eigentlich alles nur ums Bittern. Da wurde nicht gefragt, wie viel Kilogramm Hopfen kaufst du, sondern wie viel Gramm Bitterstoff werden gebraucht. Die bei Hopfen üblichen Lieferverträge wurden auf den Bitterstoffgehalt ausgelegt. Wenn eine Ernte weniger Bitterstoffe brachte, bekam die Brauerei eben mehr Hopfen. Eine Vorgehensweise, die in Großbrauereien noch heute praktiziert wird. Daher ist es nicht verwunderlich, dass ich als kreativer Brauer bei manchem Kollegen noch heute für Erstaunen sorge, wenn ich erzähle, wie viel Hopfen ich für einen Hektoliter Bier hinzugebe. Die vermehrte Hopfengabe ist notwendig, um die speziellen Aromatiken des jeweiligen Hopfens in das Bier zu bekommen. Dabei spielt der Ölgehalt der Pflanze die entscheidende Rolle. Die Hopfenöle sind es, die das vielfältige Aroma ins Bier bringen.

Man unterscheidet zwischen Bitter- und Aromahopfen. In Aromahopfen wie dem Saazer, dem Hallertauer Mittelfrüh oder dem Tettnanger ist weniger Alphasäure enthalten, dafür aber ein weit höherer Anteil ätherischer Öle, die den Bieren spannende Aromen verleihen. Bitterhopfen wie Magnum, Northern Brewer oder Herkules bestehen fast ausschließlich aus Alphasäuren, daher spricht man auch von Hochalphasorten. Alphasäure ist für die Bittere im Bier verantwortlich und macht es haltbar.

Nun gibt es insbesondere in der jungen Brauerszene Biere wie das India Pale Ale, die beides miteinander vereinen sollen – eine kräftige Bittere mit einem markanten, außergewöhnlichen Aromaprofil. Dem wurden US-amerikanische Hopfenbauern mit

Sorten wie dem Simcoe, einem Hopfen mit hohem Alphasäuregehalt und breitem Aromaprofil, bereits im Jahr 2000 gerecht. Aber inzwischen werden auch in Deutschland neue Hopfensorten auf den Markt gebracht. Das kann allerdings nicht von heute auf morgen passieren. Die Entwicklung einer neuen Hopfensorte ist eine aufwendige Geschichte. Von hundert Kreuzungen, die im Hopfenforschungszentrum Hüll jährlich angebaut werden, schaffen es nur fünf bis zehn zur Anbauprüfung auf großen Flächen. Bis eine neue Hopfensorte angemeldet wird, vergehen schon einmal zwölf Jahre. Dem Hopfenforschungszentrum Hüll ist es gelungen, gleich vier spannende neue Sorten zu entwickeln: Mandarina Bavaria, Polaris, Hüll Melon und Hallertau Blanc.

Die neuen Hopfensorten sind ein schönes Beispiel dafür, was Hopfen aromatechnisch alles draufhat. Neben dem Simcoe-Hopfen habe ich drei der vier neuen deutschen Hopfensorten bereits für meine Single-Hop-India-Pale-Ale-Serie genutzt. Eine Serie, in der alle Biere exakt gleich eingebraut werden, nur immer mit einem anderen Hopfen. Ich bin nicht gerade als passionierter Weinkenner bekannt, würde aber behaupten, dass man am Ende die jeweilige Hopfensorte im SHIPA deutlicher schmecken kann als die Rebsorte in einem Wein.

Das SHIPA Simcoe war das erste Bier der Serie, das Aroma von Maracuja und Kiefernharz verleiht dem US-Hopfen und damit auch dem Bier seinen unvergleichlichen Charakter. Beim Einschenken des SHIPA Hüll Melon steigen direkt die Aromen von Honigmelone und Erdbeere in die Nase. Es ist, als öffnete gerade jemand ein Glas von Omas selbst eingekochter Marmelade neben mir. Das SHIPA Polaris erinnert mich an die Blätter frischer Minze. Und ja, auch ein wenig an einen Eisbonbon, obwohl ich das ein wenig befremdlich finde, schließlich hat der Hopfen nichts mit dem künstlich hergestellten Bonbon gemein.

Das ausgeprägte Mandarinenaroma mit leichter Zitrusnote im SHIPA Mandarina Bavaria assoziiert man sofort mit dem Duft, der einem in die Nase steigt, wenn man zur Adventszeit eine Mandarine schält.

Aber es sind nicht nur die Neuzüchtungen aus dem Forschungszentrum, die spannende Aromen ins Bier bringen. Mein Kollege Thomas «Hopfenstopfer» Wachno hat als Erster in Deutschland mit der Hopfensorte Monroe gebraut. Ein amerikanischer Wildhopfen, den Hopfenbauer Josef Wittmann nach Deutschland holte und weiter kreuzte. Ein Hopfen, der im Geruch Himbeernoten mit Orangensirup ins Bier bringt. Im Geschmack kommt dann noch die Süße von Kirschen und Aprikosen hinzu. Aber nicht nur der Blick in die USA verhilft deutschen Hopfenbauern zu spannenden Entdeckungen. Im Hopfenanbaugebiet Tettnang wurde kürzlich mit dem Rottenburger eine alte deutsche Hopfensorte wiederbelebt. Ein einziger Stock war von dem Hopfen noch übrig, der Ende der siebziger Jahre Sorten mit einem höheren Alphasäuregehalt weichen musste. Aus dem letzten verbliebenen Stock wurde die Pflanze mühsam vermehrt und angebaut.

Aromahopfen weltweit – eine bunte Vielfalt

SIMCOE USA
Aroma: Maracuja, Kiefernharz

Seit 2000 auf dem Markt, verbindet einen hohen Bitterstoffgehalt mit einem einzigartigen Aromaprofil.

CASCADE USA
Aroma: Grapefruit, Litschi

Entstand bereits 1956 in Oregon, ist eine Kreuzung aus dem englischen Fuggle und dem russischen Serebrianka.

EAST KENT GOLDING ENGLAND
Aroma: würzig, erdig, Honig

Gehört zu den berühmten traditionellen englischen Aroma-sorten, aus wildem Hopfen gezüchtet und bereits seit 1790 auf dem Markt.

FUGGLES ENGLAND
Aroma: Minze, Heu, Gras und grüner Tee

Wurde 1861 wild wachsend im Garten eines englischen Hopfen-bauern entdeckt.

SAAZER TSCHECHIEN
Aroma: erdig, blumig frisch, zitrusartig

Hat den Geschmack des ursprünglichen tschechischen Pilsners entscheidend geprägt.

TETTNANGER DEUTSCHLAND
Aroma: erdig, kräuterig, blumig

Hat seinen Ursprung im tschechischen Saaz, wird seit 1844 in Tettnang angebaut.

HALLERTAUER MITTELFRÜH DEUTSCHLAND
Aroma: würzig mit leichten Fruchtnoten

Ursprüngliche Landsorte der Hallertau, war beinahe schon ver-schwunden, erlebte um die Jahrtausendwende sein Comeback.

ELLA AUSTRALIEN
Aroma: tropische Früchte mit erfrischenden Elementen von Zitrus und Anis

Neue australische Zuchtsorte, sollte eigentlich Stella heißen, aber damit war eine gleichnamige Brauerei nicht einverstanden.

NELSON SAUVIN NEUSEELAND

Aroma: fruchtige Weißwein-Noten mit Elementen von frisch zerdrückten Weintrauben und Stachelbeeren

Wurde in der Küstenstadt Nelson gezüchtet und besitzt das Aroma von Sauvignon-blanc-Trauben.

SORACHI ACE JAPAN

Aroma: Zitrus, Ingwer, Curry

Kreuzung aus Brewers Gold und Saazer, in Japan gezüchtet, wird heute aber überwiegend in den USA angebaut.

Für diese außergewöhnlichen Hopfensorten sind kreative Brauer bereit, einen weitaus höheren Preis zu zahlen als die großen Brauereien für die Bitterhopfen. Und das macht sich auch auf dem Weltmarkt bemerkbar. Während bei manchen Bitterhopfen mit sehr hohem Alphasäuregehalt noch nicht einmal die Anbaukosten erreicht werden konnten, befinden sich die Preise für außergewöhnliche Hopfen auf Höchstniveau.

Angeführt wird die gestiegene Nachfrage von den USA, der Craft-Beer-Sektor wächst dort jährlich um 15 Prozent, und daran haben hopfenbetonte Biere nach wie vor den höchsten Anteil. Kreative Brauer setzen ein Vielfaches an Hopfen ein, und der Preis spielt dabei ganz klar eine nachrangige Rolle. Viel wichtiger sind Verfügbarkeit, Qualität und das Aromaprofil des Hopfens.

Nach Ansicht deutscher Hopfenhändler könnte der erhöhte Hopfenverbrauch kreativer Brauer weltweit für Aufregung und einen Umbruch auf dem Welthopfenmarkt sorgen. Schon jetzt werden Hochalphasorten gerodet, während aromaintensive Hopfensorten frisch angebaut werden. Wobei der Neuanbau die Rodungen bereits mehr als ausgleicht und die Hopfenanbaufläche insgesamt nach jahrelangem Rückgang weltweit wieder wächst. Das liegt vor allem daran, dass die Bauern wieder faire Preise für ihren Hopfen gezahlt bekommen, denn kreative Brauer sind bereit, für außergewöhnlichen Hopfen gut das Fünf- bis Zehnfache dessen zu zahlen, was Großbrauereien für eine Hochalphasorte ausgeben.

AUF EIN BIER MIT CHRISTINA SCHÖN-BERGER, LEITERIN HOPS ACADEMY

Christina Schönberger gilt als Hopfenpäpstin. Und das nicht etwa weil sie die Pflanze phantastisch repräsentieren kann, sondern weil sie quasi ein wandelndes Hopfenlexikon ist. Christina ist Technical Manager bei Joh. Barth & Sohn und leitet die firmeneigene Hops Academy, die weltweit Hopfenseminare für Brauer und Hopfeninteressierte anbietet.

OLLI: Du hast Hopfen zu deinem Thema gemacht – was fasziniert dich so daran?

CHRISTINA: Angenommen, du wüsstest nicht, dass es Hopfen gibt, und ich würde dir von einer Pflanze erzählen, der du beim Wachsen zusehen kannst, die dir hilft, besser und länger zu schlafen, die hilft, wenn deine Haut entzündet ist, deine Gelenke schmerzen, deine Verdauung nicht richtig funktioniert oder dein Blutdruck zu hoch ist, die dir hilft, Übergewicht zu bekämpfen und die deiner Leber und deinen Knochen guttut, mit der du außerdem noch Bier brauen und verschiedenste Frucht- und Gewürzaromen in dein Bier zaubern kannst (und ohne die du das Bier gar nicht trinken könntest), dann würdest du doch denken: So eine Pflanze gibt's doch nicht!

Ich habe mit Hopfen seit Anfang meiner Promotion zu tun, also mittlerweile seit 15 Jahren, und fast jeden Tag lerne ich einen neuen faszinierenden Aspekt dieser Pflanze kennen. Sie wird nie langweilig, das fasziniert mich!

OLLI: Immer mehr Brauer beginnen wieder mit ganzen Hopfendolden zu brauen. Woran liegt das deiner Ansicht nach?

CHRISTINA: Ich denke, das ist eine Brauer- und Brauerei-Philosophie-Sache. Technologisch spricht meiner Ansicht nach nichts für die Verwendung von Doldenhopfen, wenn man auch Pellets nehmen kann. Pellets sind homogen, lösen sich schnell auf, Aroma und Geschmack können schnell extrahiert werden, wohingegen Doldenhopfen sehr inhomogen ist, stark sauerstoffanfällig, und die Extraktion der Aroma- und Geschmacksstoffe durch die intakte Form der Dolden und Lupulindrüsen sehr schwierig ist.

Natürlich ist auch das Handling in der Brauerei ganz anders, wenn man mit Doldenhopfen arbeitet. Man hat ein viel größeres Volumen und muss mit Sieben oder Netzen arbeiten, je nachdem, wo der Dolden im Brauprozess dazukommt. Und auch die Bierverluste sind mit Dolden erheblich höher als mit Pellets. Für viele Brauer ist es aber wichtig, mit der Pflanze an sich zu arbeiten und nicht mit einem Hopfenprodukt, alles soll so natürlich wie möglich geschehen. Oft geht es hier um Traditionen. Manche Brauer kaufen auch direkt beim Hopfenpflanzer und bekommen so nur Dolden. Die Menge an Doldenhopfen steigt auch deshalb an, weil einige Brauereien wie beispielsweise Sierra Nevada oder Victory Brewing, die nur mit Dolden arbeiten, stark an Ausstoß zulegen.

OLLI: Seht ihr für euch als Hopfenhändler Potenzial im Craft Beer, und wenn ja, wie reagiert ihr auf die veränderten Anforderungen?

CHRISTINA: Allein weil die verwendete Hopfenmenge 3- bis 30-fach so hoch ist wie bei einer «normalen» Brauerei, sehen wir sehr großes Potenzial in den Craft-Beer-Märkten. Wir sehen und unterstützen auch die Hopfensortenvielfalt, die dadurch zunimmt.

Wir investieren in einige dieser neuen Sorten, zahlen beispielsweise Lizenzgebühren, ermutigen Pflanzer, diese Sorten anzu-
bauen, schließen Verträge mit ihnen ab und versuchen, unsere
Verkaufsabwicklung auf die Bedürfnisse von Craft-Brauern um-
zustellen. Wir arbeiten mit Händlern in wichtigen Ländern, die wir
mit kleinen Packungseinheiten beliefern und die dann die Kunden
bedienen können; wir haben einen Webshop eingerichtet, so dass
Kleinstmengen sofort online mit Kreditkarte gekauft werden können. Dementsprechend ändern sich die Arbeitsabläufe in unseren
Verkaufsabteilungen, wir bekommen viel mehr Aufträge über
geringere Mengen zu mehreren Sorten. Das müssen wir effizient
bedienen können. Außerdem haben wir in den letzten Jahren unser technisches Team personell verstärkt, da wir jetzt viel stärker
in Rezepturentwicklungen – welche Hopfensorte(n) passen in
welches Bier – eingebunden sind und auch viel mehr Schulungen
zum Thema Hopfen veranstalten. Unsere gesamte Verkaufsmann-
schaft wurde zu Biersommeliers ausgebildet und auf die verschiedenen Hopfensorten sensorisch geschult, um nicht nur verkaufen,
sondern auch beraten zu können; hier stehen Aroma und Geschmack im Vordergrund. Das sind für uns alles Investitionen in
die Zukunft, weil wir an den Erfolg der Craft-Biere glauben.

OLLI: Wie unterscheidet sich der Kreativbrauer als Kunde von den
herkömmlichen Brauern?

CHRISTINA: Der Craft Brewer ist in der Regel sehr gut informiert,
was Hopfen angeht, kennt sehr viele Sorten und weiß, wie diese
riechen, schmecken etc. Er weiß genau, welche Sorten zu seinen
Bieren passen und was er will. Und wenn er das bekommen kann,
ist der Preis nicht unwichtig, aber sekundär. Hier haben wir öfter
das Problem, dass «plötzlich» eine ganz bestimmte Sorte her-
muss, die aber schon längst ausverkauft ist. Wir versuchen daher,
zusammen an einer längerfristigen Planung zu arbeiten, um mit
den Bedürfnissen der Craft Brewer besser planen zu können. Eine

Möglichkeit wäre es beispielsweise, Vorverträge über die Abnahme bestimmter Hopfensorten mit den Brauern zu schließen.

Der normale Einkäufer einer Brauerei möchte dagegen in erster Linie einen guten Preis für Hopfen bekommen. Dafür kämpft er sehr stark, kennt sich selbst aber nicht mit Hopfen aus. Sorten sind von der Technik vorgegeben, und wenn er Beratung haben möchte, dann, um die Ausbeute im Brauprozess in Bezug auf die Alphasäure zu steigern. Hier wird jedoch auch viel mit Vorverträgen gearbeitet, so dass diese Brauereien mit den Sorten, die sie brauchen, gut versorgt sind. Es gibt natürlich auch viele Brauer, die schon seit Jahrzehnten auf bestimmte Sorten vertrauen, sich sehr gut mit diesen Sorten auskennen und dafür auch entsprechende Preise zahlen, also ganz pauschal kann man hier nicht trennen. Der Hopfenmarkt ist ein sehr komplexer Markt, und viele Faktoren beeinflussen das Bild. Wichtig ist es, dem Brauer klarzumachen, dass Hopfen ein Naturprodukt ist und nicht unendlich zur Verfügung steht, insbesondere wenn es um Sorten geht, die bis dato nur in überschaubaren Mengen angepflanzt werden.

MALZ

Ohne Malz geht es nicht. Genau wie der Hopfen erfüllt das Malz im Bier gleich mehrere Aufgaben. Über die Malzauswahl wird die Farbe des Bieres bestimmt. Malz bringt Eiweiß und Mineralstoffe für die Hefe mit. Und Malz hat einen massiven Einfluss auf den Geschmack, es kann eine süßliche, nussige, karamellige, schokoladige, brotartige oder kaffeeartige Note ins Bier bringen. Und nicht zuletzt ist Malz der Stärkelieferant. Die Stärke wird in Zucker abgebaut. Jeder Alkohol entsteht durch Gärung, die durch eine Zuckerlösung und Hefe in Gang gebracht wird. Während Hefe und Wasser die Grundlage vieler alkoholischer Getränke sind, steckt Malz allein im Bier und im Whiskey.

Was ist Malz?

Malz ist künstlich zum Keimen gebrachtes und getrocknetes Getreide und kann eigentlich aus jeder Art von Getreide hergestellt werden. Möglich ist neben Gerste beispielsweise auch die Nutzung von Weizen, Roggen, Emmer, Dinkel, Hafer, Hirse oder Einkorn. Aber die spielen in der Brauindustrie eine untergeordnete Rolle. Während meines Studiums war die Braugerste das Kernthema. Alternativ war noch von Weizenmalz die Rede, und in Bezug auf internationale Biere kam auch Reis oder Mais als Stärkelieferant zur Sprache. Aber der Einsatz hat wohl eher wirtschaftliche als geschmackliche Gründe, da Mais und Reis deutlich günstiger angebaut werden können. Und auch einige Exoten wurden uns vorgestellt. Besonders gut ist mir die bildhafte Schilderung eines Professors über das Mälzen von Sorghum in Erinnerung geblieben. Er erzählte uns, wie in Afrika das Sorghum auf Wellblech in der Sonne getrocknet und anschließend zum Bierbrauen genutzt wurde.

Gerste ist nach wie vor die am weitesten verbreitete und gängigste Getreideart für die Bierherstellung. Seinen Ursprung hat dies sicher in dem herzoglichen Erlass von 1516, nach dem Bier allein aus Gerste hergestellt werden durfte. Während heute häufig die Rede von Verbraucherschutz ist, waren es damals eher Handelsinteressen, die zu dem Erlass führten. Weizen war knapp und sollte lieber als Brotgetreide eingesetzt werden. Aber der Erlass ist nicht der einzige Grund, warum Gerste zum Braugetreide Nummer eins wurde. Insbesondere die zweizeilige Sommergerste mit ihrer gleichmäßigen Korngröße hat ideale Braueigenschaften, die im Laufe der Zeit von Züchtern noch weiter optimiert wurden. Gerste besitzt einen hohen Stärkegehalt, eine hohe Enzymkraft, und ihre Kornhülsen, auch Spelzen genannt, sind ein wichtiges Hilfsmittel im Brauprozess. Sie dienen als natürlicher Filter, denn die Fest-Flüssig-Trennung während des Brauprozesses findet auf dem Bett der Spelzen statt.

Wie wird aus Getreide eigentlich Malz?

Damit Getreide zu Malz wird, werden die Körner zunächst einmal künstlich zum Keimen gebracht und anschließend wieder getrocknet. Dabei simuliert der fiese Mälzer den armen Körnern, dass sie zu Pflanzen werden dürfen. Die Getreidekörner werden zunächst gereinigt und anschließend in Wasser eingeweicht, dabei saugen die Körner das Wasser auf. Anschließend geht es in der Regel in den Keimkasten. Dabei werden die Enzyme aktiviert, die während des Brauens eine wichtige Rolle spielen, und ein Teil der Stärke in den Getreidekörnern wird schon jetzt in Zucker umgewandelt. Stärke befindet sich als Energiespeicher im Korn, eigentlich um neues Pflanzenmaterial zu bilden.

Neben der Anwendung des Keimkastens gibt es auch Mälzereien, die das Getreide wieder auf traditionelle, ursprüngliche Weise zum Keimen bringen. Bis Anfang des 20. Jahrhunderts war es üblich, dass zukünftige Malz auf dem befestigten Boden einer Scheune, der Tenne, zum Keimen zu bringen und per Hand zu wenden. Das Tennenmalzverfahren verleiht dem Malz ein besonders tiefes und sattes Aroma. Mit der Wiedereinführung des Tennenmalzes reagieren die Malzhändler auf die Nachfrage der kreativen Brauer, die sich wieder auf das Wesentliche konzentrieren, ihre Biere mit natürlichen und hochwertigen Zutaten brauen und auch gerne alte Bierstile wiederbeleben und neu interpretieren.

Im Keimkasten oder in der Tenne bilden sich winzige Wurzeln und Triebe, und aus den Getreidekörnern wird das sogenannte Grünmalz. Hier gilt es, den Prozess rechtzeitig abzubrechen, bevor die Keimlinge richtig sprießen und nachher noch Getreidefelder wachsen. Denn es geht ja nicht darum, neue Pflanzen zu züchten, sondern darum, die Nährstoffe aus den Körnern herauszukitzeln, die wir zum Bierbrauen benötigen. Daher wird das sogenannte Grünmalz zum Trocknen in die Darre gebracht, auf einem engmaschigen Drahtgeflecht ausgebreitet und von unten mit warmer Luft durchströmt. Dadurch werden die Enzyme inaktiviert, anschließend befinden sie sich quasi in Warteposition und wirken erst weiter, wenn das Malz während des Brauens wieder mit Wasser und Hitze in Berührung kommt.

Malz ist nicht gleich Malz

Mit der Temperatur und der Dauer der Trocknung können Farbe und Geschmack des zukünftigen Bieres bestimmt werden. So sorgt beispielsweise ein Malz, das hohen Temperaturen ausgesetzt war, für eine dunkle Farbe und intensive kaffeeartige Röstaromen im Bier. Sehr sanft gedarrtes Getreide bringt dagegen helles Malz mit einem milden, leicht süßlichen Charakter hervor. Und dazwischen gibt es ein breites Spektrum von Aromen. Genau wie der Hopfen ist also auch das Malz eine Stellschraube, an der der Brauer drehen kann, um spannende Geschmacksvariationen ins Bier zu bringen. Außerdem bildet Malz die Grundlage dafür, wie viel Alkohol im Bier sein wird.

Unser erstes Bier, das Prototyp, brauen wir beispielsweise mit hellem böhmischem Tennenmalz – es ist ein helles Lagerbier, fruchtig und leicht im Geschmack. Zum ersten Geburtstag gab es dann eine Neuinterpretation des Bieres, das Imperial Black Prototyp, mit der gleichen Hefe und den gleichen Hopfensorten gebraut, nur mit einer größeren Malzmenge und diesmal mit dunklem böhmischem Tennenmalz. Herausgekommen ist ein komplett neues Bier – ein dunkles Baltic Porter, vollmundig im Geschmack, mit Espresso- und Schokoladennoten.

Grob lassen sich die verschiedenen Malzsorten in zwei Kategorien einteilen: Das sogenannte Basismalz zeichnet sich durch einen hohen Enzym- und Stärkegehalt aus, ist daher zum Brauen ideal geeignet und macht immer den größten Malzanteil im Bier aus. Hierzu zählen Pilsner-, Wiener-, Pale-Ale- und Münchnermalz. Die zweite Kategorie sind die so genannten Spezialmalze wie Rauch-, Röst-, Karamell- oder Sauermalz. Sie sie sind Geschmacks- und Farbgeber.

So bringt Röstmalz schon bei kleiner Gabe ein intensives Röstaroma nach Kaffee oder Schokolade und eine dunkle Farbe ins Bier. Erlangt wird das durch eine intensive Darrung bei hoher Temperatur und Zugabe von Wasser. Um Karamellmalz herzustellen, bleibt das Getreide so lange in einer Rösttrommel, bis die Stärke des Korns sich in Zucker umwandelt und schließlich karamellisiert. Mit dem Karamellmalz können malzig-süßliche Noten ins Bier gebracht werden. Beide Verarbeitungsvarianten gehen allerdings auf Kosten der zum Brauen so wichtigen Enzyme, daher kommen sie immer nur in geringer Menge zum Einsatz. Rauchmalz wird im Rauch eines Buchenholzfeuers gedarrt, es entsteht ein Aroma von geräuchertem Schinken. Um Sauermalz herzustellen, wird das Grünmalz vor der Trocknung mit Milchsäurebakterien behandelt. Mit Sauermalz kann der pH-Wert der Würze beim Brauen reduziert werden, was für eine lichtere Bierfarbe und eine bessere Geschmacksstabilität sorgt.

AUF EIN BIER MIT SABINE WEYERMANN, GESCHÄFTSFÜHRUNG WEYERMANN

Mit der Vereinheitlichung der deutschen Bierkultur ging auch die Vielfalt in den Zulieferbetrieben kaputt. Man hatte sich auf die Einsorten-Politik der größeren Brauereien eingestellt. Durch einen Zufall lernte eine deutsche Mälzerin schon sehr früh die US-amerikanische Craft-Beer-Szene und die damit verbundenen Chancen und Möglichkeiten der kreativen Bierszene kennen.

OLLI: Sabine, wie sah es bei Weyermann vor 25 Jahren aus?

SABINE: Weyermann war eine kleine Mälzerei mit einigen wenigen großen Kunden, von denen wir stark abhängig waren. Die beste Zeit lag hinter uns. Die Pils-Welle war voll im Gang, Spezialmalze wurden wenig nachgefragt. Wir hatten eine einzige Rösttrommel, um unsere treue, langjährige deutsche Kundschaft zu beliefern.

OLLI: Wann hast du zum ersten Mal ein Bier fernab von Pils und Weizen getrunken?

SABINE: Die Hochzeit eines Freundes brachte mich 1994 in die USA. In einer Gasthausbrauerei probierten wir zum ersten Mal ein Stout und ein Porter. Biere, die wir bisher nie kennengelernt hatten, geschweige denn irgendwo die Möglichkeit gehabt hätten zu verkosten. Während unseres Studiums der Brau- und Lebensmitteltechnologie in Weihenstephan jedenfalls nicht. Es waren völlig neue Geschmacksimpressionen, die mich schwer beeindruckt, aber zunächst auch überfordert haben. Wir wunderten uns, wo diese geschmacksintensiven Biere auf einmal herkamen. Hatten wir doch während unseres Studiums gelernt, dass es in den USA nur einige wenige große Brauereien gibt, die helle, relativ geschmacksneutrale Biere brauen.

OLLI: Die Faszination hatte euch gepackt, und 1996 wart ihr als Aussteller auf der Craft Brewers Conference – wie war das?

SABINE: Keiner kannte unsere Malze, unser Englisch war rudimentär. Wir kamen im dunklen Anzug, ich im Business-Kostüm, als Gastgeschenk hatten wir Krawattennadeln dabei. Die Brauer trugen Shorts, Trekkingschuhe, Tattoos, Zopf und Bart. Eine Krawatte trug keiner von ihnen. Unsere Neugierde war geweckt. Und plötzlich gab es wieder Interesse an unseren Spezialmalzen. Die amerikanischen Craft Brewer lehrten uns den Begriff der Wertschätzung. Die Wertschätzung hat uns im Umgang mit den deutschen Brauern gefehlt.

OLLI: Wie sah es zu dem Zeitpunkt in Deutschland aus, und was hat sich bei euch verändert?

SABINE: Dort gab es den Brauherrn, hier den Lieferanten, der von ihm abhängig war. In den USA lernten wir nun plötzlich, dass ein erfolgreiches Geschäft bedeutet, dass beide Seiten Spaß und Freude an einem Geschäft haben dürfen. Fortan fuhren wir zweimal im Jahr mehrere Wochen durch die USA, von Brauerei zu Brauerei. Wir wollten verstehen, wie gebraut wird und was die Craft Brewer brauchten. Dabei haben wir erkannt, dass die kreativen Brauer komplett anders ticken als die Großbrauereien. Darauf haben wir uns als Pioniere in der Braubranche eingestellt. Wir haben unser Produktportfolio auf mehr als 85 verschiedene Malzsorten erweitert, um dem Craft Brewer immer mehr *Aroma* und *Flavor* liefern zu können. Zu diesem Service-Gedanken gehört auch der 25-kg-Sack. Der kreative Brauer stellt höchste Anforderungen an sich und an uns als Lieferanten und braucht daher ein genau auf seine Bedürfnisse abgestimmtes Malz.

HEFE

Die Hefe – ohne sie ginge gar nichts. Da würde Wein Traubensaft bleiben, und Bier wäre nur ein Malztrunk. Der essenzielle Bestandteil für die Herstellung alkoholischer Getränke ist ein für das menschliche Auge unsichtbarer Mikroorganismus, der Zucker in Alkohol verwandelt. Lange Zeit war die Hefe beim Brauen ein unbekannter Helfer. Die Brauer hatten keinen Schimmer davon, dass ihr Bier in den offenen Gärtanks in der Luft schwebende Hefe anzog oder die hölzernen Bottiche, in denen das Bier gärte, mit den wertvollen Helferlein versetzt waren. Den Rührhölzern, die natürlich auch Hefen beherbergten, sprachen sie gar magische Kräfte zu: Einmal kräftig gerührt, und schon begann die Maische zu leben. Die Brauer merkten, dass da was war, aber einordnen konnten sie es nicht. Daher ist in alten Brauerschriften auch oft von «dem Zeug» die Rede. Ihnen war klar, dass das gelbbeige «Zeug», das irgendwann auftaucht, ein wertvoller Helfer war.

Bei einer spontanen Gärung wird die Hefe durch die Kohlensäure, die während der Gärung entsteht, nach oben gewaschen und bildet so eine Schaumkrone auf dem Bier. Dass dabei die Hefe die treibende Kraft ist, ist erst seit Mitte des 19. Jahrhunderts bekannt, als Louis Pasteur unter dem Mikroskop die winzigen einzelligen Organismen entdeckte, die essenziell an der Gärung beteiligt sind. Ende des 19. Jahrhunderts gelang es dann dem Carlsberg-Angestellten Emil Christian Hansen, die Hefe zu isolieren und zu kultivieren. Erst seitdem ist man in der Lage, Hefe zu selektieren und als Reinzuchthefe zum Brauen zu nutzen. Vorher wurden Mischkulturen aus verschiedenen Hefestämmen verwendet. Nach Hansens Entdeckung wurden die Hefen kategorisiert, und man fand heraus, dass manche Hefen für gewisse Bierstile besser geeignet waren als andere, etwa weil sie komplexere Zucker besser vergären können.

War sie früher noch ein Segen, gilt die wilde Hefe in den meisten deutschen Brauereien inzwischen als Fluch. Heutzutage kommt die Hefe gezielt und kontrolliert zum Einsatz. Brauer bedienen sich in der Regel Reinzuchthefen aus der Hefebank und sezten alles daran, dass keine Wildhefen in ihr Bier kommen. Einzige Ausnahme sind Brauereien, die sich die spontane Vergärung mit wilden Hefen zunutze machen. Insbesondere in Belgien hat diese Art der Gärung eine lange Tradition und bringt komplexe, feinsäuerliche Biere hervor. Aber auch in Deutschland gibt es ein prominentes Beispiel. Bei der ursprünglichen Berliner Weiße kommt Brettanomyces zum Einsatz – eine übervergärende Wildhefe, die auch im Weinbereich eingesetzt wird. Diese bringt, richtig dosiert, sehr interessante, lederartige Aromen ins Bier. Die Brettanomyces arbeitet sehr langsam, lässt sich schwer entdecken und aus der normalen Produktion entfernen. Das schreckt viele Brauer ab, gelten die Brettanomyces-Aromen doch in anderen Bieren als deutlicher Fehlgeschmack.

Eigentlich ist es schade, dass sich kaum jemand an diese Grazie herantraut. Denn wenn man sie beherrscht, kann sie wunderbare Sachen produzieren. Weiß man allerdings nicht mit ihr umzugehen, kann sie ebenso alles versauen. Und genau das ist es, was in der klassischen Brauerausbildung gelehrt wurde: dass Brettanomyces der Albtraum eines jeden Brauers ist – ist sie einmal in der Brauerei, kann man dichtmachen.

Was ist eigentlich der Unterschied zwischen ober- und untergärig?

Hefezellen sind super Viecher, sie gehören zur Gattung der Schlauchpilze und können ihren Stoffwechsel auf Atmung oder Gärung umstellen. Wenn Sauerstoff da ist, atmen sie und vermehren sich in rasender Geschwindigkeit. Ohne Sauerstoff stellen sie auf Gärung um.

Die Hefezellen vermehren sich durch sogenannte Sprossung. Und hier liegt auch schon der wesentliche Unterschied zwischen der ober- und der untergärigen Hefe. Während bei der obergärigen Hefe die Zellen in sogenannten Sprossverbänden eng verbunden bleiben, trennen sich bei der untergärigen Hefe die neuen Zellen sofort von der Mutterzelle. Die Sprossverbände der obergärigen Hefe werden durch Kohlensäure nach oben gewaschen. Da es bei der untergärigen Hefe diese Sprossverbände nicht gibt, kann sich die Kohlensäure nicht in ihr verfangen, und die Hefe setzt sich am Boden ab. Mit der obergärigen Hefe werden Ales gebraut, bei Lagerbieren kommt die untergärige Hefe zum Einsatz.

Die obergärige Hefe fängt bei 15 bis 25 Grad Celsius an zu arbeiten, sie produziert fruchtige Esther als Gärnebenprodukt. Man kennt den Geschmack am ehesten vom klassischen Weißbier. Die typischen Gewürznelken- und Bananenaromen sind Gärnebenprodukte einer obergärigen Hefe.

Die untergärige Hefe kommt bei weitaus niedrigeren Temperaturen, genauer bei fünf bis 15 Grad, in Schwung. Wenn es zu warm wird, stellt sie ihre Arbeit wieder ein. Die klassischen untergärigen Hefen bilden wenige fruchtige Esther, dafür aber häufig höhere Alkohole, auch Fuselalkohole genannt.

Obergärige Biere sind schneller fertig als untergärige. Das Lager heißt tatsächlich Lager, weil es lange lagern muss.

Durch die Gärnebenprodukte Ester und Aldehyde hat die Hefe

einen maßgeblichen Einfluss auf den Geschmack des Bieres. Nicht ohne Grund unterhalten einige wenige Brauereien daher viele unterschiedliche Züchtungen in ihren Hefebanken. Brauer Frank Müller von der Riegele-Brauerei hat inzwischen 150 verschiedene Hefestämme, und jeder Hefestamm bringt ein anderes Aroma ins Bier. Brauereien ohne eigene Hefebank greifen auf öffentlich zugängliche Hefebanken zurück. Wobei bestimmt 95 Prozent aller Lagerhefen in Deutschland dem gleichen Hefestamm, W 34/70, entstammen.

FRÜCHTE, KRÄUTER UND GEWÜRZE

Frische Früchte, Koriander und Orangenschalen sind bekannte Zutaten aus der Welt des Kochens. Keiner würde beim Einsatz dieser natürlichen Lebensmittel die Nase rümpfen oder gar daran denken, dass sie der Speise oder dem menschlichen Körper schaden könnten. Genauso sehen es viele unserer europäischen Nachbarn bei der Verarbeitung natürlicher Zutaten im Bier. Das Brauen mit Früchten und Gewürzen hat in Belgien eine jahrhundertealte Tradition, wie zum Beispiel beim klassischen Witbier. In England erfreut sich das Brauen mit Honig großer Beliebtheit. Und auch in der US-Craft-Beer-Szene kommen immer natürliche Zutaten, die man sonst eher mit der Zubereitung von Speisen in Verbindung bringt, zum Einsatz. US-Präsident Barack Obama ließ 2011 eine Heimbrauanlage ins Weiße Haus einbauen und entschied sich für das Brauen eines *White House Honey Ale*, mit Honig der Bienen aus dem Garten des Weißen Hauses.

Weltweit wächst die Zahl der kreativen Brauer, die dem Bier im Brauprozess oder während der Lagerung wertvolle Zutaten hinzugeben. Dabei werden klassische Rezepte genutzt oder neue Kreationen entwickelt. Häufig bedienen sich die Brauer auch im Fundus der deutschen Braugeschichte. Ein Beispiel hierfür ist die Gose – ein obergäriges, leicht säuerliches Bier, das traditionell mit Salz und Koriander gewürzt wird.

Ich persönlich ziehe meinen Hut vor denjenigen Brauern, die sich intensiv mit historischen Bierrezepten auseinandersetzen oder experimentierfreudig sind und schauen, mit welchen Zutaten man spannende, geschmacksintensive Biere brauen kann. Dabei geht es mir nicht um verrückte Experimente. Einfach nur Stierhoden oder Wal-Mehl ins Bier zu geben, widerstrebt mir persönlich und hat mit faszinierender Braukunst nichts gemein. Es dient nur dazu, möglichst viel Aufmerksamkeit zu generieren. Mit einem besonderen Biergenuss hat das nichts zu tun. Den kann man auch schon wesentlich unaufgeregter erlangen, in dem man beispielsweise die Kaffee- oder Schokoladenaromen der Röstmalze mit der Zugabe von Kaffee- oder Kakaobohnen unterstützt.

Seit meinem Studium in Berlin hat es mich gereizt, einmal ein Bier nach dem ursprünglichen Rezept der Berliner Weiße zu brauen. Nach meinem Gewinn der Weltmeisterschaft der Sommeliers für Bier 2013 war es dann endlich so weit. Zusammen mit meinen Biersommelier-Ausbildern braute ich ein Bier im Berliner-Weiße-Stil. Doch statt es hinterher, wie heutzutage üblich, mit künstlichem Sirup zu vermischen, setzten wir auf natürliche Fruchtigkeit und lagerten das Bier mehrere Wochen auf Himbeeren in Rotweinfässern.

In Belgien gehört die Fasslagerung von Bier mit Früchten zur Brautradition, insbesondere Kirschen und Himbeeren sind bei unseren Nachbarn klassische historische Bierzutaten. Beim Kriek (mit Kirschen) und beim Framboise (mit Himbeeren) wird das Bier zusammen mit den Früchten mehrere Monate im Fass nachvergoren. Die Ergebnisse sind wahre Spezialitäten. So bezeichnete Michael Jackson – nein, nicht der Sänger, sondern der englische Autor und Bierexperte, der einen großen Beitrag zur Erhaltung der Biervielfalt geleistet hat – Kriek und Framboise als «elegante Antwort auf Rosé Champagner».

Auch das belgische Wit ist ein Bier, das seit Jahrhunderten gebraut wird, das Rezept dazu sollen Mönche im Mittelalter in der Stadt Hoegaarden entwickelt haben. Zu den klassischen Zutaten gehören Orangenschalen und Koriander. Es sind genau die Zutaten, die dem Bier das gewisse Etwas und seinen unverwechselbaren Geschmack geben.

Zurück nach Deutschland und ab ins Mittelalter: Bevor das Brauen mit Hopfen immer populärer wurde, würzten Brauer ihr Bier mit einer Kräutermischung, «Grut» wird diese bis heute genannt. Die Zutaten variierten von Ort zu Ort, häufig waren aber Gagel oder Sumpfporst dabei, außerdem nutzten die Grutherren beispielsweise Beifuß, Schafgarbe, Rosmarin, Salbei, Lorbeer, Kümmel, Muskatnuss, Lavendel, Wachholder oder Heidekraut. Die Rezepte waren streng geheim, denn die Stadt hielt damals das Monopol auf den Verkauf von Kräutermischungen – als indirekte Besteuerung.

Heutzutage erfreuen sich Grutbiere in Belgien, Großbritannien und den USA zunehmend größerer Beliebtheit. Wobei sich wohl kaum ein Brauer so intensiv mit der Geschichte des Grutbieres beschäftigt hat wie mein Münsteraner Kollege Phillip Overberg. Er hat seine Gruthaus-Brauerei mit dem Ziel gegründet, die Grut wieder zurück in seine Heimatstadt zu bringen. Dafür hat er intensiv im Stadtarchiv geforscht und viele Sude auf seiner Versuchsanlage gebraut. Was gar nicht so einfach war, denn als Grundlage diente ihm nur die Akte des Grutamtes, die zeigte, was damals eingekauft wurde, genaue Mengenverhältnisse standen nicht mit auf der Liste. Und es war auch unklar, ob der erworbene

Hafer für die Pferde des Gruthauses gedacht war oder für die Grut. Aber Phillip hat nicht aufgegeben und weiter recherchiert, denn er wollte dem historischen Grutbier von 1480 möglichst nahekommen. Inzwischen steht sein Rezept – ohne Hafer, denn der war tatsächlich für die Pferde gedacht, dafür aber mit Gagel.

Gebraut wird dann in Belgien oder in den Niederlanden, denn in Deutschland darf Phillip das Bier nach altem deutschem Rezept so nicht brauen. Die Hauptzutat der historischen Münster'schen Grut ist der Gagel, der «sehr lecker und unverzichtbar ist», so Phillip. Leider ist Gagel im aktuellen deutschen Lebensmittelrecht unbekannt und daher nicht zugelassen. Phillip arbeitet gerade zusammen mit der Fachhochschule und der Uni Münster daran, die Unbedenklichkeit von Gagel nachweisen zu lassen. Aber das könnte noch einige Zeit dauern.

Dagegen haben die Brauer in den USA sehr viel mehr Handlungsspielraum. Führend in der Entwicklung von Bieren mit ungewöhnlichen Zutaten ist die US-Brauerei Dogfish Head. Ihr Gründer, Sam Calagione, ist immer wieder auf der Suche nach spannenden Zutaten und probiert, ob man damit etwas brauen kann. Einer seiner Vertriebspartner schenkte ihm einmal einen Wein aus edelfaulen Trauben von einem lokalen Winzer in Seattle. Sind die Trauben von der sogenannten Edelfäule befallen, verdunstet ein Großteil der Flüssigkeit aus dem inneren der Beeren, und übrig bleibt eine hochkonzentrierte und sehr aromatische Frucht. So einen Wein hatte Sam zuvor noch nicht getrunken, und er war so begeistert, dass er sofort wusste, dass er damit einmal ein Bier brauen würde. Gesagt getan – entstanden ist das *Noble Rot*, ein Bier, bei dem Weinmaische und Bierwürze zusammen vergoren wurden.

WASSER

Heutzutage ist Bier ein Genussmittel, früher war es überlebenswichtig. Im Mittelalter war das unsaubere Trinkwasser eine Brutstätte ansteckender Krankheiten. Bier war durch das Kochen, die alkoholische Gärung und die antiseptische Wirkung des Hopfens eine sichere Alternative.

Heute trinken wir Bier, weil wir es genießen möchten, weil es viele spannende Geschmackserlebnisse bietet. Brauer spielen mit dem Malz, sie variieren den Hopfen, probieren eine neue Hefe oder den Einsatz von Früchten oder Kräutern. Wasser spielt da eine eher nachrangige Rolle, auch wenn es mit mehr als 90 Prozent die Hauptzutat ist und einige Brauereien gerne mit dem Quellwasser werben, das sie zum Brauen nutzen.

In der Historie haben sich Bierstile entsprechend dem regional verfügbaren Wasser entwickelt. Ein Export kann man besonders gut aus dem harten Dortmunder Wasser machen, während ein Helles wunderbar mit dem weichen Münchner Wasser harmoniert. In der englischen Stadt Burton-on-Trent gibt es besonders kalzium- und sulfathaltiges Wasser. Das Kalzium unterstützt die Entfaltung der Hopfenaromatik im Bier, daher war die Stadt bekannt für ihre hopfenbetonten Pale Ales. Aus dieser Erfahrung heraus versetzen manche Brauereien ihr Brauwasser heute bewusst mit Magnesium, man spricht dann von Burtonisierung.

In den größeren Brauereien sind die technischen Möglichkeiten so weit, dass das Wasser erst in seine Einzelteile aufgespalten und dann gezielt mit den gewünschten Mineralstoffen aufbereitet wird, die man für sein Bier gerade haben möchte. Eine Technik, die insbesondere Brauereien zugutekommt, die weltweit an x verschiedenen Braustätten ihre Biere identisch herstellen wollen. Meiner Ansicht nach wird dadurch aber schon zu sehr in die natürliche Beschaffenheit einer wichtigen Bierzutat eingegriffen. Hätten die Brauer sich früher nicht mit dem Wasser, das sie zur Verfügung hatten, zurechtfinden müssen, gäbe es heute vielleicht nicht so viele spannende Bierstile.

AUF EIN BIER MIT SAM CALAGIONE VON DER DOGFISH HEAD CRAFT BREWERY

Sam Calagione ist der Schrecken jedes Reinheitsgebots-Liebhabers – er braut unkonventionell, sehr experimentierfreudig und ist damit extrem erfolgreich.

OLLI: Sam, traditionelle deutsche Bierfreunde würden fragen, was Aprikosen, Tee, Rosinen oder Traubenmost in Bier zu suchen haben oder ob ein Gebräu aus Reis, Honig und Früchten überhaupt noch Bier zu nennen ist. Was wäre deine Antwort darauf?

SAM: Die Frage ist an sich berechtigt. Die Antwort wäre: Was spricht denn dagegen? Ich hege großen Respekt vor deutschen Bieren, am meisten mag ich Pils und Hefeweizen. Aber ich finde, das Reinheitsgebot ist eine recht moderne Art von Zensur. Rund um den Erdball brauen die Menschen seit jeher mit Zutaten wie Honig, Trauben, Kräutern und Gewürzen, mit allem, was gut schmeckt und in ihrer Weltecke wächst.

OLLI: Dogfish Head ist bekannt für seine ungewöhnlichen und innovativen Biere. Wo holst du deine Inspirationen her?

SAM: Von überall außer von der Bierindustrie. Wir laufen keinen modischen Trends hinterher, sondern folgen allein unserer eigenen Kreativität und unseren Interessen.

OLLI: Wie siehst du die europäische Craft-Beer-Szene und die deutsche im Besonderen?

SAM: Vor ein paar Jahren war ich auf dem Oktoberfest, und ich fand es klasse. Die Leute, das Essen und vor allem das Bier. Aber ich würde mir wünschen, dass es eine größere Auswahl gäbe, dass Kneipen und Geschäfte mehr Marken und Sorten auf Lager hätten.

OLLI: Die meisten deiner Kunden freuen sich auf das nächste abgefahrene Bier von dir (und soweit ich mich erinnere, ist es für dich eine Enttäuschung, wenn du mal keine Medaille in der Kategorie «Experimentelles Bier» bekommst). Ist es nicht manchmal anstrengend, immer so exzentrisch sein zu müssen?

SAM: Es ist für uns theoretisch sehr einfach, naheliegend und wichtig, dass wir bei Dogfish abseits vom Mainstream bleiben und auf eigenen Wegen zu Qualität gelangen wollen. Praktisch ist das aber oft anstrengend, frag mal unseren Braumeister Tim Hawn! Ich mag es am liebsten, wenn wir in unseren Pub gehen und in unserem Zweifass-System mit ungewöhnlichen Techniken und exotischen Zutaten Bier brauen. Und ich habe Hochachtung davor, mit welchem Wissen und Können Tim und das ganze Team von Testchargen zu Mengen von über 20 000 Litern gelangen, die immer gleich schmecken. Wir gehen nie den einfachsten Weg. Dieses Jahr brauen wir zigtausend Liter Bier mit Hummer aus Maine als Zutat, und Hunderttausende mit frischen, handgepflückten Tannenspitzen. So anstrengend und aufwendig ihre Herstellung ist, diese Biere schmecken hervorragend, und es gibt sie nirgends sonst auf der Welt.

OLLI: Gibt es irgendein Bier, an das du dich bisher nicht herangewagt hast?

SAM: Wir produzieren neuerdings einen sauren Cider, der *Sick Cider* heißt. Ich möchte da gern eins machen, bei dem ich zur Unterstützung der Gärung faulige alte Pfirsiche in die Fässer gebe. Ich muss mal mit Tim darüber reden, wie wir das am besten hinkriegen, ohne unsere nicht sauren Biere damit zu kontaminieren.

OLLI: Lass uns über die durchgeknalltesten Zutaten reden – was hat überraschend gut funktioniert und was gar nicht?

SAM: Das mit dem Hummer war gut. Mit viel Lavendel hat's nicht so geklappt. Das schmeckte, als würde man von einer Omi aus dem 19. Jahrhundert einen Zungenkuss kriegen.

DER WEG ZUM GUTEN BIER

🔸 Ein gutes Bier braucht Zeit. Und damit meine ich nicht die sagenumwobenen sieben Minuten, die es angeblich dauert, um ein Bier vernünftig zu zapfen. Mal ganz davon abgesehen, dass das dank moderner Zapftechnik schon lange nur noch eine nette Anekdote ist. Mir geht es um die Herstellung – das Schroten, Maischen, Läutern, Kochen, Klären und vor allem das Lagern. Ein Ale kann bereits nach zwei Wochen abgefüllt werden, ein Lager braucht mindestens vier Wochen, ein Bockbier acht Wochen, und manch ein fassgereiftes Bier nimmt auch durch jahrelange Lagerung noch an Charakter zu. Aber beginnen wir am Anfang des Brauprozesses – wie entsteht eigentlich Bier?

MALZLAGER

Je nach Größe der Brauerei und Malzart in Säcken oder im Silo. Wenn Silos vorhanden sind, werden dort die Basismalze gelagert. Die Spezialmalze bleiben im Sack.

SCHROTMÜHLE

 *30 Minuten bis 1 Stunde*

Der Brauer schüttet das Malz in die Schrotmühle. In größeren Brauereien wird das Malz vom Silo direkt in die Mühle befördert. Das Malz wird geschrotet, denn das Gute, die Stärke, liegt im Kern und wird durch die Hülle geschützt, die nun aufgebrochen wird.

Die Schrotmühle besteht aus einem oder mehreren Walzenpaaren. Zunächst werden die Mehlkörper von den Spelzen getrennt, anschließend werden die Mehlkörper zerkleinert. Entweder die Spelzen landen schon einmal vor dem zerkleinerten Malz im Schrotbunker, oder es findet eine Spelzentrennung statt, das heißt, die Hülsen werden in einem separaten Bunker gelagert. Den Schritt unternehmen manche Brauereien, weil sich in den Spelzen auch unedle Stoffe befinden, die sie nicht im Bier haben möchten. Dann wird nur die Menge Spelzen beim Läutern hinzugegeben, die zum Filtern benötigt wird.

SONDERFORMEN:

Hammermühle – *kommt häufig in modernen Brauereien zum Einsatz, in denen die Malzkörner samt Spelze komplett zertrümmert werden. Zum Läutern werden dann Maischefilter genutzt.*

Weichkonditionierung – das Malz wird vorbefeuchtet. Wenn die Spelzen feucht sind, werden sie flexibel, dadurch kann der Mehlkörper ausgequetscht werden, und die Spelzen bleiben ganz.

MAISCHBOTTICHPFANNE

 *1 bis 1,5 Stunden*

Das zerkleinerte Malz kommt zusammen mit Wasser in den Maischbottich, wird auf die richtige Temperatur gebracht, ruht, wird wieder erhitzt, ruht erneut. Die für das Brauen so wichtigen malzeigenen Enzyme sind die Alpha- und Betaamylasen. Sie arbeiten bei unterschiedlicher Temperatur ideal. Die Alphaamylase sorgt bei 70 bis 74 Grad Celsius für die vollständige Aufspaltung der Stärke und hinterlässt längerkettige Zuckermoleküle, die für die Hefe nicht zugänglich sind und daher als unvergärbarer Extrakt im Bier verbleiben. Die Betaamylasen spalten die Stärke zu vergärbarem Zucker. Sie wirkt optimal bei 58 bis 65 Grad Celsius.

Damit beide Enzyme aktiviert werden, gibt es beim Maischen verschiedene Temperaturpunkte. Wenn die Temperatur erhöht wird, werden die Enzyme, die vorher gearbeitet haben, ruhiggestellt oder gar zerstört. Am Ende des Prozesses entsteht ein leicht dickflüssiges Gemisch. Betaamylase spaltet die Stärke zu Maltose, dem vergärbaren Zucker. Sie wirkt optimal bei 62 Grad und ist sehr empfindlich gegenüber höheren Temperaturen; schon bei 65 Grad wird sie bereits nach kurzer Zeit inaktiviert.

MAISCHVERFAHREN:

Dekoktionsverfahren – ist das ältere Verfahren. Hierbei wird ein Teil der Maische in die Würzepfanne gegeben, aufgekocht und wieder zu der restlichen Maische zurückgegeben.

Infusionsverfahren – *die Maischepfanne ist beheizt, und der Brauer stellt die Temperaturen durch Dampf ein.*

LÄUTERBOTTICH

2 bis 3 Stunden

Weiter geht es in den Läuterbottich. Beim Läutern wird fest von flüssig getrennt: Das Gefäß hat einen Siebboden, auf dem sich die festen Teilchen sammeln, hauptsächlich die Schalen der Malzkörner, die sogenannten Spelzen. Haben die sich auf dem doppelten Boden abgesetzt, werden sie zum Treberkuchen und dienen als natürlicher Filter für die Trübstoffe: winzige Fussel, die vor dem Filtern in der Mischung herumschwimmen. Die Flüssigkeit wird unterhalb des Treberkuchens aus dem Gefäß gepumpt und oben wieder eingeführt, bis sie ganz klar ist.

Der Treberkuchen kann später als nahrhaftes Viehfutter oder zum Brotbacken genutzt werden.

Nach dem Filtern geht es für das, was später Bier werden soll, in die Würzepfanne – Abläutern nennt das der Brauer. Die Flüssigkeit heißt jetzt Vorderwürze und ist sehr gesund. Sie enthält Maltose, Eiweiß und Mineralstoffe. Ich bin überzeugt, dass ich mit ein, zwei Gläsern Vorderwürze schon so manche herannahende Erkältung niedergekämpft habe. Aber das nur am Rande. Die Vorderwürze wird zur Würze, indem man mit den sogenannten Nachgüssen den verbliebenen Zucker aus dem Treber in die Würzepfanne spült.

WÜRZEPFANNE

1 Stunde bis 1,5 Stunden je nach Bierstil

Zeit fürs Kochen. Die Würzepfanne wird auf 100 Grad erhitzt. Die Würze wird bei dieser Temperatur sterilisiert, ein Teil des Wassers wird verdampft. Beim Verdampfen stellt man sich nicht nur seine Stammwürze ein, sondern es werden mit dem Wasserdampf auch Aromastoffe des Malzes ausgetrieben, die unerwünscht sind. Sie erinnern ein bisschen an Dosenmais und gekochtes Gemüse. Zusätzlich kommt es zu einer Maillard-Reaktion, die Farbe und Aroma ins Bier bringt. Das ist wie beim Karamell: Durch das Kochen kommt es zu einer chemischen Reaktion, bei der Farbe und Geschmack des Bieres entstehen.

Um die Bitterstoffe des Hopfens in der Würze zu lösen, braucht es mindestens 20 bis 30 Minuten. Aber wenn der Hopfen zu lange kocht, werden die ätherischen Öle ausgetrieben. Daher muss der Aromahopfen am Ende des Kochens hinzugegeben werden. So erhält er sich sein Aroma.

Je nach Bierstil und Rezept des Brauers kommen kurz vor Ende noch Gewürze oder Kräuter hinzu – werden sie zu früh hinzugegeben, verflüchtigen sich auch hier die Aromen, die dem Bier einen besonderen Geschmack verleihen sollen.

STAMMWÜRZE: *Die Gesamtheit aller im Wasser gelösten Stoffe nennt sich Extrakt. Und die Menge des Extraktes, die man am Ende des Kochens misst, wird als Stammwürze bezeichnet.*

WHIRLPOOL

15 bis 20 Minuten, dann noch einmal eine Stunde zum Kühlen

Um unlösliches Eiweiß loszuwerden, kommt die Würze anschließend in den Whirlpool. Eiweiß wird erst bei Wärme fest. Wir kennen das von einem gekochten Ei.

Die Würze wird tangential eingespritzt, so dass sie am Rand des Gefäßes rotiert und die Feststoffe sich in der Mitte des Bottichs absetzen. Die Flüssigkeit wird abgezogen und gekühlt, kommt dann in die Gärtanks und trifft auf dem Weg die Hefe. Gemeinsam geht es zur Gärung.

GÄRTANK

3 Tage (klassisches Ale),
7 Tage (klassisches Lager), 10 Tage (Bockbier)

Die Hefe beginnt zu atmen, sammelt Energie und vermehrt sich. Ist der Sauerstoff verbraucht, fängt sie an zu gären und wandelt damit den Zucker in Alkohol und Kohlensäure um. Untergärige Hefe setzt sich am Boden des Tanks ab, obergärige Hefe schwimmt auf dem Bier.

Die Gärtanks müssen gekühlt werden, denn die Hefe arbeitet sich warm und gibt diese Wärme ab. Würde man die Tanks nicht kühlen, würde sich das zukünftige Bier aufwärmen. Bei obergäriger Hefe kann sich dadurch das Aromaprofil des Bieres verändern. Bei untergäriger Hefe könnte es passieren, dass es ihr zu warm wird und sie einfach aufhört zu arbeiten.

Am Ende der Gärung wird die Hefe geerntet und die Tanks werden runtergekühlt. Technisch gesehen haben wir an diesem Punkt ein fertiges Bier. In dem sogenannten Jungbier, auch Grünbier genannt, sind aber teilweise noch Gärnebenprodukte enthalten, die man nicht haben möchte und durch Lagerung loswird.

LAGERUNG

Das Bier wird je nach Stil für eine bestimmte Zeit gelagert. Bei der Lagerung reift das Bier. Es findet ein biochemischer Prozess statt, bei dem der ungewünschte Geschmack entfernt wird. Außerdem wird während der Lagerung die Kohlensäure gebunden. Einzige Ausnahme ist das Holzfass. Daher werden die holzfassgelagerten Biere im Anschluss noch in der Flasche gereift oder aufkarbonisiert.

A. IM LAGERTANK
- 2 Wochen (Ale), 4 Wochen (Lager), 8+ Wochen (Bockbier)

a) ohne weitere Zutaten
b) mit Hopfen (auch Hopfenstopfen genannt) – Vorgang, bei dem Aroma- und nicht Bitterstoffe aus dem Hopfen ins Bier gelangen
c) mit Früchten, Gewürzen oder Kräutern – bringt feine Aromen der ausgewählten, natürlichen Zutaten ins Bier.

B. IN DER FLASCHE MIT HEFE ZUR NACHGÄRUNG
- 2 Wochen warm, 1 Woche kalt

Es entwickelt sich eine sehr feinperlige Kohlensäure.

C. IM HOLZFASS
- mindestens ein halbes Jahr, nach oben gibt es keine Grenze

Bier wird gehaltvoller, spannende Geschmacksnuancen entwickeln sich.

a) frische, getoastete Fässer – bringen Vanillearoma in das Bier.

b) vorbelegte Fässer – bringen Aromen des Vorproduktes, wie Rotwein oder Whisky, ins Bier.

KLÄRUNG DES BIERES

In großen Brauereien findet meistens eine Filtration mit Kieselgur (versteinerte Rotalgen) statt. Dabei werden Eiweiße und Hefen herausgefiltert, leider aber auch Geschmacksträger. Filtration wird eigentlich nur durchgeführt, um das Bier länger trübungsfrei zu halten und so die Haltbarkeit zu erhöhen. Etwas schöner und geschmackschonender ist es, statt eines Filters mit einer Zentrifuge zu arbeiten.

ABFÜLLUNG

Idealerweise unfiltriert und unpasteurisiert in Flaschen und Fässer.

Die Flaschen werden vorher gewaschen und ausgeleuchtet. Dafür kommen die Flaschen in ein Laugebad, anschließend wird der gelöste Dreck in einer Flaschenwaschmaschine ausgespritzt. Es folgt die Flaschenkontrolle – in kleinen Brauereien kontrollieren Mitarbeiter die Flaschen auf Beschädigung und Verschmutzung vor einem Ausleuchtschirm, in großen Brauereien erledigen das Kameras.

Wenn keine Flaschengärung erfolgen soll, werden die Flaschen anschließend mit CO_2 gespült, um Luft aus der Flasche zu verdrängen und eine Oxidation zu verhindern. Beim Abfüllen wird die Flasche leicht zum Aufschäumen gebracht, um die restliche Luft aus der Flasche zu verdrängen. Dann checkt man den Füllstand. Was zu viel ist, freut den Kunden. Über unterfüllte Flaschen freuen sich die Mitarbeiter, weil sie aussortiert werden. Im letzten Schritt bekommen die Flaschen ihre Etiketten.

Weit weniger aufwendig ist die Fassabfüllung, denn in ein Fass kann weder Dreck noch Sauerstoff geraten. Die Fässer werden mit heißer Lauge ausgewaschen, um eventuelle Bierreste zu entfernen, anschließend werden sie mit CO_2 vorgespült und dann mit dem Bier befüllt. Fertig!

WENN ES BEI DER LAGERUNG NOCH EINMAL RICHTIG SPANNEND WIRD

Richtig loslegen, wo andere aufhören. So könnte man die spannenden Vorgehensweisen beschreiben, die insbesondere junge kreative Brauer nutzen, um einzigartige Biere zu kreieren. Es gibt derzeit insbesondere zwei Methoden, die von der herkömmlichen Bierherstellung abweichen und die hier noch einmal eine besondere Beachtung bekommen sollen.

HOPFENSTOPFEN

Als wir das Rezept für unseren *Prototyp* entwickelt haben, wählten wir das geschmacksneutralste Bier, das wir auf dem Markt finden konnten, und stopften in die Flaschen jeweils unterschiedliche Hopfensorten, verschlossen die Flaschen und lagerten sie für einige Tage im Kühlschrank. So konnten wir die verschiedenen Geschmacks- und Aromaprofile der Hopfensorten testen. Im Prinzip funktioniert so auch das Hopfenstopfen, allerdings nicht zwangsläufig mit dem geschmacksneutralsten Bier. Das diente nur dazu, die Aromen der verschiedenen Hopfensorten, ohne die Einflüsse eines charakterstarken Basisbiers, optimal miteinander vergleichen zu können.

Während des Kochens der Würze gibt der Hopfen seine Bittere an das Bier ab, die ätherischen Öle aber verflüchtigen sich aufgrund der hohen Temperaturen in der Sudpfanne. Durch das auch als Kalthopfung bezeichnete Verfahren gelangen die phantastischen Aromastoffe des Hopfens dann zu einem späteren Zeitpunkt ins Bier. Die Brauer machten sich dabei die Tatsache zunutze, dass sich die ätherischen Öle aus dem Hopfen bei der niedrigen Lagertemperatur und durch den bereits gebildeten Alkohol während der Lagerung ideal lösen lassen und so die intensiven Aromen fruchtiger Hopfensorten ins Bier gelangen können.

Das Verfahren stammt ursprünglich aus England und wurde eigentlich nur eingesetzt, um die Haltbarkeit des Bieres zu erhöhen. Ein Job, den irgendwann die moderne Technik übernahm. Eine Renaissance erlebte das Hopfenstopfen durch die US-amerikanischen Craft Brewer. Insbesondere das India Pale Ale ist mit dem Hopfenstopfen eng verbunden, ohne die Beigabe des Hopfens in die Lagertanks wären Aromen in der Intensität nur schwer denkbar. In Deutschland war lange Zeit unklar, ob sich das Hopfenstopfen mit dem Biergesetz von 1993 vereinbaren lässt. Bis die deutschen Brauer dann 2012 das Okay bekamen, dass das Hopfenstopfen gegen keine gesetzlichen Vorschriften verstößt. Inzwischen gehört das India Pale Ale auch in der deutschen Kreativbierszene zu den populärsten Bieren. Ein Neueinsteiger in die Welt der kreativen Biere könnte fälschlicherweise den Eindruck bekommen, das Craft Beer gleich India Pale Ale ist.

FASSLAGERUNG

Hier geht so einiges – die Fasslagerung ist eine phantastische Spielwiese für kreative Brauer. Die Wahl des Fasses und möglicher Zutaten ist schon fast wieder eine Wissenschaft für sich. Der Geschmack des Bieres kann während der Lagerung im Fass beeinflusst werden durch die Art des Holzes, dadurch, wie stark das Fass ausgebrannt wurde, und ob die Fässer neu oder gebraucht sind. So bringen beispielsweise Rot- oder Weißweinfässer, Whisky-, Tequila- oder Brandyfässer phantastische Aromen in das Bier. Alternativ zu Holzfässern nutzen Brauer sogenannte getoastete Holzchips, um ein besonderes Holzaroma ins Bier zu bekommen. Wenn man an den Holzchips riecht, weiß man, wo der Whisky sein Aroma herhat.

Zusätzlich können während der Lagerung noch Früchte, Kräuter oder Gewürze hinzugegeben werden. Oder die Brauer gehen noch einen Schritt weiter und fügen verschiedene fassgelagerte Biere zu einer Cuvée zusammen. Ähnlich einem Masterblender, der verschiedene Whiskys zusammenfügt. Dadurch entstehen Biere, die eine wahre Geschmacksexplosion im Mund hervorrufen. Weltweit einen Namen hat sich die Fire Stone Walker Brewing Company mit ihren fassgelagerten Bieren gemacht. Das *17th Anniversary* ist so ein Beispiel – eine echte Offenbarung aus sieben verschiedenen Bieren, unterschiedlich gebraut, unterschiedlich gelagert. Es ist ein Bier, dass man nicht alleine trinkt, ein Bier zum Zelebrieren, ein Bier für fortgeschrittene Gaumen, ein Bier, das eher in der Whisky-, Sherry- oder Rotweinliga spielt und nicht mit den Bieren verglichen werden kann, die seit Jahrzehnten den deutschen Markt beherrschen. Die große Kunst bei einem solchen Bier ist es zu entscheiden, wann es reif für die Abfüllung ist. Man kann nicht einfach sagen, nach X Monaten ist der ideale Zeitpunkt, um Bier Y abzufüllen. Der Brauer zieht Proben und schaut, wie sich das Bier entwickelt, und wenn ihn der Geschmack überzeugt, wird abgefüllt.

Mit ihrer Weiterentwicklung des Burton-Union-Verfahrens ist Firestone Walker die einzige Brauerei außerhalb Englands, die das traditionelle Verfahren anwendet. Dabei wird im Fass vergoren, die Hefe schäumt aus den Fässern, wird aufgefangen und später wieder ins Fass dazugegeben. Dadurch ist die Hefe besonders aktiv und verleiht dem Bier einen einzigarten Geschmack.

Aber nicht nur die jungen Wilden in den USA greifen zu Holzfässern, um ihre Biere zu veredeln. Auch ein fassgereiftes Bier aus dem beschaulichen bayerischen Miltenberg kann sich mehr als sehenlassen, es räumte 2014 nun schon zum zweiten Mal eine Goldmedaille beim World Beer Cup ab. Das holzfassgereifte *Eisbock* aus dem Hause Faust lagert nach der Gärung und dem Ausfrieren – wenn man das Wasser aus dem Bier ausfriert, erhöht man den Alkoholgehalt und die Aromen – mehrere Monate lang in Holzfässern und bekommt dadurch trotz seines hohen Alkoholgehalts von 11,5 % Alc. eine angenehme Milde. Das Ergebnis ist ein Bier mit intensiven Marzipan-, Schoko- und Dörobstnoten, das sich hervorragend als Begleitung zum Dessert eignet.

In Belgien ist die Fassreifung Teil einer langen Biertradition. Das *Grand Cru* der Brauerei Rodenbach wird zwei Jahre lang in Fässern gelagert und dann mit jungem Bier verschnitten. Mit seinem weinartigen Charakter sorgt es bei meinen Verkostungen regelmäßig für Erstaunen. Die überraschte Frage mit Blick auf das Bier mit der dunkelroten Farbe im Glas lässt meist nicht lange auf sich warten: Ist das wirklich Bier? Ja, das alles kann Bier (sein).

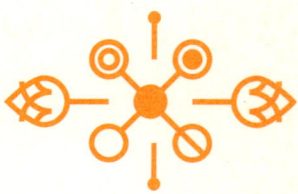

6.

BIERSTILE

BIER BEDEUTET VIELFALT

Pils, Weizen, Helles oder Bockbier kennt eigentlich jeder. Aber was ist mit Keutebier, Lichtenhainer, Grätzer, Gose, der Braunschweiger Mumme oder Köpenicker Moll? Wir Brauer haben in Deutschland ein unglaubliches Glück, denn unsere Brauhistorie ist eine wahre Bier-Fundgrube, in der es jede Menge Köstlichkeiten zu entdecken gibt. All diese Schätze haben wir nur leider lange Zeit sehr stiefmütterlich behandelt.

Derzeit gibt es in Deutschland zwar 5000 Biermarken, davon verteilen sich aber 80 Prozent auf nur vier verschiedene Bierstile, die restlichen 20 Prozent auf bestenfalls 25 weitere Stile. Und wenn man auf das große Ganze schaut, wird auch der Weltmarkt nach wie vor von den Großkonzernen und ihren Einheitsbieren beherrscht. Aber glücklicherweise sind die kreativen Brauer ja gerade dabei, die Bierindustrie ein wenig aufzumischen. Es gibt weltweit über 150 verschiedene Bierstile, die sich anhand ihrer geographischen und historischen Herkunft, ihres Geschmacks, der Brauart und technischer Werte wie zum Beispiel des Alkoholgehalts, der Bittere, der Farbe, der Restsüße unterscheiden.

Eine Vielzahl der Biere hat ihren Ursprung in historischen Rezepten. Ihre Renaissance haben wir vor allem dem Autor und Bierliebhaber Michael Jackson zu verdanken, der in den siebziger Jahren *The World Guide to Beer* veröffentlichte. Das Buch inspirierte viele der heutigen amerikanischen Craft Brewer, in der eigenen Küche gegen den auf dem Markt erhältlichen Einheitsbrei anzubrauen. Es war der Ursprung der neuen Biervielfalt. Drei Jahrzehnte ist das jetzt her, und die US-Brauer haben uns in Sachen Vielfalt noch so einiges voraus. Aber glücklicherweise nimmt die Biervielfalt in Europa, insbesondere auch in Deutschland, wieder sprunghaft zu.

Man kann sagen, dass die Amerikaner uns Europäer wieder zu unseren Wurzeln zurückgeführt haben, denn all die Bierstile, die sich in den USA heute so großer Beliebtheit erfreuen, haben ihren Ursprung in Europa. Die klassischen Bierstile stammen alle aus dem nördlichen Teil Mittel- und Westeuropas. Das Flaggschiff der Craft-Beer-Bewegung, das India Pale Ale, kommt ursprünglich aus England, das beliebte Witbier hat seinen Ursprung in Belgien, und die Berliner Weiße, die sich in den USA schon länger größerer Beliebtheit erfreut und in Deutschland erst so langsam wiederentdeckt wird, stammt, wie der Name schon sagt, aus der deutschen Hauptstadt.

Michael Jacksons *The World Guide to Beer* gilt bis heute als eines der Standardwerke zum Thema Bier, und auch die Charakterisierung der Bierstile hat ihren Ursprung in diesem Buch, in dem Jackson Biere aus der ganzen Welt beschrieb und einordnete. Seine Kategorisierung war die Basis für die *Beerstyle Guideline* der amerikanischen Brewers Association, in der heute die 150 Bierstile beschrieben werden. Rund 95 davon werden alle zwei Jahre beim World Beer Cup, der Olympiade des Bieres, bewertet. Als Jurymitglied wähle ich neben meinen Standard-Lieblingskategorien American Style Pale Ale/India Pale Ale/Double India Pale Ale auch immer Kategorien aus, die ich noch nicht professionell bewertet habe.

Es ist unglaublich spannend und macht einfach großen Spaß, sich gemeinsam mit den anderen Jurymitgliedern mit einem Bierstil auseinanderzusetzen, der einem noch nicht so vertraut ist. Die Kreativität meiner Brauer-Kollegen begeistert mich immer wieder aufs Neue. Wobei wir uns bei der Bewertung nicht von persönlichen Geschmacksfavoriten oder innovativen Neuerungen leiten lassen dürfen. Für jeden Bierstil gibt es genaue Richtlinien, die wir vor uns liegen haben und die zu Beginn der Verkostung noch einmal verlesen werden. Bei der Bewertung geht es darum, das perfekte Beispiel für den jeweiligen Bierstil zu finden. Es muss genau passen, sonst wird es aussortiert, auch wenn es phantastisch schmeckt. Ich habe schon Biere auf dem Tisch gehabt, da habe ich Notizen für den Brauer hinterlassen, dass ich sein Bier großartig finde, es aber leider aussortieren musste, weil es nicht in die eingereichte Kategorie passte.

Bitter • **Ordinary Bitter | Special Bitter | Best Bitter | Extra Special Bitter** • *Mild Ale* • **Pale Mild Ale | Dark Mild Ale** • *English Pale Ale* • **Summer Ale | Pale Ale | India Pale Ale** • *English Brown Ale* • **Brown Ale | Scotch Ale** • *Scottish Ale* • **Scottish Light | Scottish Heavy Ale | Scottish Export Ale** • *English Strong Ale* • **Strong Ale | Old Ale | English Barley Wine** • *English Porter & Stout* • **Brown Porter | Robust Porter | Sweet Stout | Cream Stout | Oatmeal Stout | British Imperial Stout | Russian Imperial Stout** • *Irish Red Ale* • **Red Ale** • *Irish Stout* • **Dry Stout | Foreign (Export) Stout** • *American Golden & Blonde Ale* • **Golden Ale | Blonde Ale | Pale Ale | Strong Pale Ale | India Pale Ale | Imperial (Double) India Pale Ale | Pale American-Belgo-Style-Ale** • *American Amber & Red Ale* • **Amber Ale | Red Ale | Imperial (Double) Red Ale** • *American Black & Brown Ale* • **Dark American-Belgo-Style Ale | Brown Ale | Black Ale | Cascadian Ale | Black IPA** • *American Porter & Stout* • **Stout | Imperial Stout | Imperial Porter | Smoked Porter** • *American Strong Ale* • **Barley Wine | Wheat Wine** • *American Sour Ale* • **Brett Bitter | Sour Ale** • *German Ale* • **Kölsch | Altbier | Kellerbier (Ale) | Adambier** • *German Wheat Ale* • **Berliner Weiße | Gose | Hefeweizen | Kristallweizen | Leichtes Weizen | Bernstein Weizen | Dunkel Weizen | Weizenbock | Weizendoppelbock | Rauchwei-**

zen · *Belgian Pale Ale* · **Blonde | Pale Ale** · *Belgian Wheat Ale* · **Witbier** · *Belgian Strong Ale* · **Pale Strong Ale | Dark Strong Ale | Dubbel | Tripel | Quadrupel** · *Belgian Sour & Fruit Ale* · **Flanders Oud Bruin | Flanders Oud Red | Lambic | Kriek & Fruit Lambic | Gueuze | Fruit Beer** · *Other French & Belgian Ales* · **Bière de Garde | Saison | Bière de Table (Table Beer)** · *Other Ales* · **Grodziskie | Dutch Kuit (Kuyt, Koyt) | Australian Pale Ale | International Pale Ale**

American Cream Ale | Session Beer | California Common | Field Beer | Pumpkin Beer | Vegetable Beer | Chocolate/Cocoa-Flavored Beer | Coffee Beer | Herb & Spice Beer | Speciality Honey Beer | Rye Beer | Wild Beer | Wood-Barrel-Aged Beer | Historical Beer

HYBRID

Pilsner · **German Pilsner | Bohemian Pilsner** · *Lager* · **Münchner Helles | Dortmunder Export | Vienna Lager | Märzen | Oktoberfest/Wiesn | Münchner Dunkel | Kellerbier | Zwickl | Rauchbier | Bamberger Märzen** · *Bockbier* · **Bock | Heller Bock | Maibock | Rauchbock | Doppelbock | Dunkler Bock | Eisbock** · *American Lager* · **American Lager | Light Lager | Amber Lager | Ice Lager | Malt Liquor | Amercian Märzen | Dark Lager** · *American Pilsner* · **American Pilsner** · *Other Lager* · **Schwarzbier | Roggenbier | Leichtbier | Baltic Porter | International Pilsner | Other Light Lager**

LAGER
untergärig

SPANNENDE BIERSTILE DER DREI TRADITIONELLEN BIERNATIONEN

◊ Alle 150 verschiedenen Bierstile können an dieser Stelle natürlich nicht beschrieben werden. Das würde den Rahmen des Buches eindeutig sprengen. Daher habe ich einige Bierstile ausgesucht, die nicht alltäglich sind und auf jeden Fall Lust auf mehr machen sollten.

DEUTSCHLAND

Altbier

Altbier ist der am meisten verkannte deutsche Bierstil. Seinen Ursprung hat das Altbier in Westfalen und im angrenzenden Niedersachsen. Hochburg ist bis heute Düsseldorf. In keiner Kneipe der Altstadt fehlt es, in manchem Gasthaus wird es direkt vor Ort gebraut und traditionell aus dem Holzfass ohne Kohlensäuredruck gezapft. Der Name *Alt* bezieht sich auf das Brauverfahren, das noch aus der Zeit ohne technische Kühlung stammt und aufgrund der höheren Temperaturen die Verwendung obergäriger Hefe vorsieht. Das Alt war bis ins 19. Jahrhundert in der Region das einzige Bier, bis es vom «neuen» Lager immer mehr verdrängt wurde.

Gebraut wird das Altbier mit dunklem Gerstenmalz, Karamell- und Röstmalz, zwei bis drei Hopfensorten und einer obergärigen Hefe. Charakteristisch für diesen Bierstil ist das wunderbar ausgewogene Zusammenspiel aus einem relativ schlanken, malzigen Körper mit einer leicht nussigen Karamellnote und einer deutlichen Bittere. Die Farbe liegt zwischen Bronze und kupferbraun. Der Schaum ist fest und leicht beige.

- **Stammwürze:** *11 – 13° Plato*
- **Alkoholgehalt:** *4,6 – 5,6 Vol.-%*
- **Bittereinheiten:** *25 – 52 IBU*

BIEREMPFEHLUNG: *Uerige Alt, Schumacher Alt, Schlüssel Alt In limitierter Auflage ist in der Düsseldorfer Altstadt auch eine stärkere Variante des Klassikers zu haben – mit mehr Hopfen und mehr Malz gebraut.*

Berliner Weiße

Die Berliner Weiße gibt es seit dem 17. Jahrhundert in Berlin. Über die genaue Herkunft kursieren allerdings verschiedene Theorien. Eine besagt, dass Hugenotten auf dem Weg nach Berlin durch Flandern reisten und die besondere Brautechnik von ihrer Reise mitgebracht haben. Eine andere behauptet, dass die Berliner Weiße die Kopie eines heute unbekannten Hamburger Bierstils ist. Eine dritte will belegen können, dass die Berliner Weiße bereits 1570 das erste Mal erwähnt wurde. Wie auch immer – als Napoleons Truppen nach Berlin kamen, gab es die Berliner Weiße auf jeden Fall schon. Sie nannten das Bier «den Champagner des Nordens».

Das obergärige Weizenbier wird mit Gersten- und Weizenmalz gebraut und erhält seinen charakteristischen Geschmack durch die Gärung mit Brettanomyces und Lactobacillus. Lactobacilli sind Milchsäurebakterien, die den pH-Wert senken und dadurch eine frische Säure in das Bier bringen. Brettanomyces ist eine übervergärende Wildhefe, die auch im Weinbereich eingesetzt wird. Diese bringt, richtig dosiert, sehr interessante, lederartige Aromen ins Bier. Der Lactobacillus kann sich sehr schnell verbreiten und auch auf Biere übergehen, bei denen dieser nicht erwünscht ist. Die Brettanomyces arbeitet sehr langsam, lässt sich kaum entdecken und nur schwer aus der normalen Produktion entfernen. Das schreckt viele Brauer ab.

Mit dem mild säuerlichen Geschmack, dem fruchtigen Aroma, dem moderaten Alkoholgehalt und der spritzigen Frische ist die Berliner Weiße das ideale Sommerbier. Die klassische Berliner Weiße wird ohne Sirup genossen – und hat auch sonst nicht allzu viel mit dem Rezept und dem Geschmack der heute gängigen Berliner Weiße der lokalen Großbrauerei zu tun. Aber seit einiger Zeit trauen sich immer mehr deutsche Kollegen wieder an das Bier mit der divenhaften Hefe heran – der Champagner des Nordens kehrt zurück.

Stammwürze: *9 – 13,8° Plato*
Alkoholgehalt: *2,8 – 3,4 Vol.-%*
Bittereinheiten: *3 – 6 IBU*

♡ **BIEREMPFEHLUNG:** *Fritz Briem/1809 Berliner Weiße, Bogk Bier/Berliner Weiße, Firestone Walker/Bretta Weiße*

Gose

Ihren Ursprung hat die Gose in Goslar, ihren Namen von dem kleinen Harzflüsschen, aus dem die Brauer schon im Mittelalter das Wasser für ihr Bier entnahmen. Vom Harz aus verbreitete sich die Gose gen Osten, erfreute sich insbesondere in Leipzig besonderer Beliebtheit und war um 1900 das meistgetrunkene Bier der Stadt. Aber ähnlich wie die Berliner Weiße geriet auch die Gose in Vergessenheit. Bis der Brauer einer kleinen Leipziger Gasthausbrauerei den Bierstil, der zu den ältesten der Welt zählt, Anfang der Jahrtausendwende wiederbelebte.

Gose ist ein obergäriges Bier, das mit Gerstenmalz, Rohweizen, Kochsalz, Koriander und Milchsäurebakterien gebraut wird. Die ursprüngliche Gose wurde spontan vergoren. Manche Brauer folgen auch heute noch dem traditionellen Rezept und geben zur Gärung Brettanomyces hinzu. Da die Gose jedoch sehr frisch getrunken wird (nicht lange lagert), sind die ledrigen Aromen der Wildhefe noch nicht besonders ausgeprägt. Die Gose zeichnet sich durch ein wunderbares Zusammenspiel einer angenehmen Säure, einer leichten Gewürznote und einer spritzigen Frische aus.

Stammwürze: *9 – 13,8° Plato*
Alkoholgehalt: *4,4 – 5,4 Vol.-%*
Bittereinheiten: *10 – 15 IBU*

♡ **BIEREMPFEHLUNG:** *Bayerischer Bahnhof/Gose, Brauhaus Goslar/Gose, Freigeist Bierkultur/Freigeist Geisterzug Quitten Gose*

ENGLAND

Barley Wine

Es war eine turbulente Zeit im England des 18. und 19. Jahrhunderts, und weil durch Konflikte mit den weinproduzierenden Ländern eine Versorgung nicht immer gewährleistet war, musste im weinarmen England eine Back-up-Lösung her, die bei einem fürstlichen Mahl den gleich Zweck erfüllen konnte wie der Wein. Es war der Ursprung des Barley Wine.

Beim Brauen dieses obergärigen Bieres versucht der Brauer, so viel Aroma und Komplexität ins Bier zu bringen wie möglich, und reizt sein Sudhaus dabei an die Grenze des Machbaren aus, um das Höchstmaß an konzentrierter Würze herauszupressen. Das Ergebnis ist ein Strong Ale, mit wenig Kohlensäure, fruchtig, süßer Dörrobstnote und einer leichten Cognacnote. Der Barley Wine hat eine gelbbraune bis dunkle Kupferfarbe und einen leichten naturweißen Schaum. Es ist ein komplexes Bier für fortgeschrittene Kreativbiertrinker.

Stammwürze: *20,4 – 28° Plato*
Alkoholgehalt: *8,5 – 12,2 Vol.-%*
Bittereinheiten: *40 – 60 IBU*

♡ **BIEREMPFEHLUNG:** *Ale Smith/Old Numbskull, Sierra Nevada/Bigfoot, Fuller's Gold Pride (englisch), De Molen/Bommen & Granaten*
Inzwischen gibt es eine englische und eine amerikanische Variante des Barley Wine. Während der englische eher eine Balance zwischen Hopfen und Malz aufweist, dominieren beim amerikanischen meist die Bittere und das Aroma des Hopfens.

Stout

Das Stout ist eine kräftigere Variante des Porter – des sättigenden und malzigen Bieres, das im 18. Jahrhundert für die Hafenarbeiter gebraut wurde. Ursprünglich hieß es Stout Porter, im Laufe der Zeit ist der zweite Teil des Namens weggefallen.

Das obergärige Stout wird mit Röstmalz und unvermälzter Röstgerste gebraut und bekommt dadurch einen vollmundigen, malzigen Körper und einen starken Röstgeschmack von dunkler Schokolade und gerösteten Kaffeebohnen. Es ist schwarz bis tiefschwarz in der Farbe, hat eine ausgeprägte cremefarbene Schaumkrone und einen weichen Antrunk.

Stammwürze: *9,5 – 11,2° Plato*
Alkoholgehalt: *3,2 – 6,1 Vol.-%*
Bittereinheiten: *15 – 40 IBU*

♡ **BIEREMPFEHLUNG:** *Deschutes/The Abyss (Imperial), Meantime/Chocolate Stout, Dupont/Monk's Stout, Samuel Smith/Oatmeal Stout, To Øl/By udder means (Milkstout)*
Es gibt viele spannende Varianten des Stout:
Das Milk Stout ist eine süße Variante, bei der Milchzucker zum Einsatz kommt, der von der Hefe nicht vergoren werden kann.
Das Oatmeal Stout wird mit unvermälztem Hafer gebraut, der dem Bier eine sahnig-sämige Note verleiht.
Das typische Aroma der Coffee und Chocolate Stouts lässt sich durch speziell geröstete Gerste erzeugen. Es gibt aber mehr und mehr Brauer, die dem Coffee oder Chocolate Stout noch Kaffee oder Kakao hinzufügen, um die Aromen zu intensivieren.
Das Oyster Stout erhielt seinen Namen ursprünglich, weil es gut zu Austern passte. Zugegeben wurden eher die stark alkalischen Schalen in zermahlener Form zur Klärung des Bieres.

Heute gibt es einige Brauereien, die zum Brauen ihres Oyster Stout tatsächlich Austern verwenden.

Das Dry Stout ist trotz der schwarzdunklen Farbe mit 4 Prozent Alkohol die leichteste Variante.

Das Imperial Stout ist mit einer Stammwürze von bis zu 24 Grad Plato, deutlich über neun Prozent Alkohol und einer Bittere von bis zu 80 IBU die stärkste Variante. Der Legende nach war das Imperial Stout das Hofbier des russischen Zarenhauses und kam ursprünglich als Geschenk für die russische Zarin Katharina die Große nach Russland.

Pale Ale

Im frühen 18. Jahrhundert wurden in England nur dunkle Biere produziert, bis schließlich eine Verbesserung der Mälzereitechnik, eine indirekte Trocknung, erstmals die Herstellung von hellerem Malz und damit auch von einem helleren Bier ermöglichte. In England war das vergleichbar hellere Bier eine Sensation, war man doch nur die dunklen Porter und Brown Ales gewöhnt. Um das blassere Bier von den dunkleren zu unterscheiden, wurde es kurzerhand Pale Ale genannt.

Das Pale Ale war und ist insbesondere bei Heimbrauern sehr beliebt. Das liegt nicht nur daran, dass man in die Biere eine wunderbar fruchtige Hopfennote zaubern kann. Das obergärige Pale Ale hat auch einen Vorteil gegenüber dem untergärigen Lager – es gärt bei höheren Temperaturen und ist deswegen nicht nur schneller fertig, sondern muss auch nicht zur Gärung in den Kühlschrank.

Charakteristisch für das Pale Ale ist eine deutliche Hopfenaromatik und Bittere. Es ist ein ausgewogenes Bier mit einer dezenten Kohlensäure und einem leichten Malzcharakter. Das klassische Pale Ale ist gold- bis kupferfarben und hat einen festen weißen Schaum. Bereits in der Nase kann man die deutlichen Hopfenaromen wahrnehmen. Im Geschmack paaren sich diese mit einem angenehmen Malzkörper, einer wahrnehmbaren, aber nicht überbordenden Bittere und einer fruchtigen Note von der Hefe. In der britischen Variante bringt der Hopfen eher erdige, kräuterartige Aromen ins Bier, während die amerikanischen Hopfensorten Aromen von Zitrus, tropischen Früchten oder Kiefernharz mitbringen.

‡ **Stammwürze:** *10 – 13,8° Plato*

   Alkoholgehalt: *4,5 – 5,4 Vol.-%*

   Bittereinheiten: *30 – 50 IBU*

♡ **BIEREMPFEHLUNG:** *Sierra Nevada/Pale Ale (amerikanisch), Thornbridge/Kipling (englisch), Three Floyds/Zombie Dust*

UNTERSCHEIDUNG PALE ALE/INDIA PALE ALE

Sowohl vom Pale Ale als auch vom India Pale Ale gibt es eine englische und eine amerikanische Variante. In England ist ein India Pale Ale immer hopfengestopft, ein Pale Ale hingegen nie. In den USA gibt es sowohl hopfengestopfte Pale Ales als auch hopfengestopfte IPA. Hier wird der Unterschied eher über die Bittere und den Alkoholgehalt definiert.

India Pale Ale (IPA)

Es gibt einen schönen Mythos über die Entstehung des India Pale Ale. Der Legende nach wollten die Engländer im 18. Jahrhundert ihre Kolonien in Indien mit Bier versorgen. Die Brauer bekamen aber erst ihr Geld, wenn das Bier unbeschadet in Indien ankam; war das nicht der Fall, wurde den Fässern direkt im Hafen der Boden ausgeschlagen. Damit ihr klassisches Pale Ale den langen Seeweg übersteht, wurde das Bier also mit mehr Alkohol eingebraut und extra Hopfen in die Fässer gegeben, was das Bier nicht nur haltbarer machte, sondern auch geschmacksintensiver. Der ursprünglich englische Bierstil gilt als das Flaggschiff der Craft-Beer-Bewegung. Die US-Brauer entdeckten das IPA als idealen Bierstil für hopfenbetontes Bier, in dem der aromaintensive US-Hopfen perfekt zur Geltung kommt.

Inspiriert von den US-Brauern, haben vor einigen Jahren die englischen Kollegen den Bierstil ebenfalls für sich wiederentdeckt, und auch in Deutschland erfreut er sich inzwischen großer Beliebtheit. Charakteristisch für das India Pale Ale ist, dass es in allem ausgeprägter ist als das normale Pale Ale, dabei aber eine wunderbare Harmonie zwischen Hopfenaroma, Bittere und Malzkörper behält. Die Unterschiede in der Hopfenaromatik der englischen und der amerikanischen Variante sind die gleichen wie beim Pale Ale. Eine Sonderstellung nehmen hier noch die West Coast India Pale Ales aus der Gegend um San Diego ein, die sich durch einen sehr schlanken Körper, massive Bittere und eine beinahe schon aggressiv-harzige Hopfenaromatik auszeichnen.

Stammwürze: *11,4 – 18,2 Plato*
Alkoholgehalt: *4,5 – 7,6 Vol.-%*
Bittereinheiten: *40 – 70 IBU*

♥ BIEREMPFEHLUNG: *Russian River/Pliny the Elder (Double), New Belgium/Ranger IPA, Ballast Point/Sculpin, Odell/Myrcenary Double IPA, Belhaven/Twisted Thistle IPA (englisch)*
Für die richtigen «Hopheads», also die Liebhaber hopfenbetonter Biere, gibt es mit dem Double oder Imperial IPA inzwischen auch noch wahre Hopfenbomben mit bis zu 100 Bittereinheiten und bis zu neun Prozent Alkohol.

BELGIEN

Trappistenbiere

Genau genommen ist die Bezeichnung «Trappist» eine Herkunfts- und keine Stilbezeichnung. Nur Biere, die innerhalb des Klosters von oder unter der Aufsicht der Mönche gebraut werden, dürfen die Bezeichnung tragen – derzeit sind es zwölf weltweit. Sechs davon in Belgien, zwei in den Niederlanden und je eins in Italien, Frankreich, Österreich und den USA. Die Lizenz für die Bezeichnung wird alle fünf Jahre neu vergeben.

Die Brautradition der Trappisten reicht Jahrhunderte zurück. Ein entscheidender Schritt zu den Trappistenbieren, wie wir sie heute kennen, wurde jedoch von Pater Théodore und Jean De Clerck nach dem Zweiten Weltkrieg gemacht. Zusammen isolierten der Brauer der Chimay-Brauerei und der Brauwissenschaftler aus der bis dahin verwendeten klostereigenen Mischkultur die Hefe, die nun in der Hauptgärung und in der Flaschenreifung zum Einsatz kommt.

Jedes der Trappistenklöster braut sein ganz eigenes Bier. Es lassen sich jedoch trotz aller Individualität einige Gemeinsamkeiten feststellen. Die Trappistenbiere werden alle obergärig mit hellen und dunklen Malzen und häufig mit Kandiszucker, manchmal mit Gewürzen gebraut, sie werden immer flaschengereift, sind stark, meistens dunkel, manchmal herb und meistens sehr fruchtig und aromatisch.

In den meisten Trappistenbrauereien wird ein mit 5 Prozent Alkohol relativ leichtes Blondes gebraut, das sogenannte Paters Bier. Es wird für die Pater gebraut und ist daher außerhalb der Klostermauern nur schwer zu bekommen. Darüber hinaus gibt es in der Regel die stärkeren Dubbel, Tripel und Quadrupel. Über die Entstehung der Bezeichnungen Dubbel, Tripel und Quadrupel gibt es verschiedene Theorien. Eine davon besagt, dass damit die Anzahl der Gärungen gemeint ist, die das jeweilige Bier durchläuft. Eine weitere erklärt, dass die Fässer früher je nach Alkoholgehalt mit einem X, XX oder XXX gekennzeichnet wurden.

Das Dubbel ist braun bis sehr dunkel, besitzt Schokoladen-, Karamell- und Dörrobstaromen, eine malzige Süße und einen Alkoholgehalt von 6 bis 7,5 Prozent. Die Tripel sind gold bis hellbraun in der Farbe, haben komplexe Gewürznoten, eine deutliche Süße und einen Alkoholgehalt von 7 bis 10 Prozent. Die Quadrupel sind typischerweise braun bis dunkelbraun, haben einen vollen Malzkörper mit deutlichen Karamellnoten und Fruchtaromen von Pflaumen, Rosinen, Datteln und Feigen, manchmal begleitet von einem Anflug von Cognac. Den Alkoholgehalt von 9 bis 14 Prozent merkt man dem Quadrupel nicht an.

Eine Ausnahme bildet das belgische Trappistenbier Orval, wo es neben dem Paters Bier nur eine weitere Sorte gibt, die hopfengestopft ist und sich dadurch auszeichnet, dass eine Flaschengärung mit Brettanomyces durchgeführt wird. Dieses Bier sollte für mindestens sechs Monate gelagert werden. Die Aromatik verändert sich über die nächsten 24 Monate beständig, weil die Hefe weiterarbeitet (6,3 Prozent Alkohol).

💛 **BIEREMPFEHLUNG:** *Westvleteren 12, Orval, Chimay Grande Reserve*

Lambic

Die Stadt Lembeek war einmal ein bedeutender Brauereistandort. Daher wird angenommen, dass das Lambic (auch Lambiek geschrieben) seinen Ursprung in der Stadt hat, in der es schon im 15. Jahrhundert eine eigene Brauerzunft gab und in der noch heute die Einwohner jedes Jahr am Ostermontag zum Schutzpatron der Lambic-Brauer, dem heiligen Veronus, pilgern sollen.

Das typische Merkmal der Lambic-Biere ist der Einsatz von Rohweizen und die spontane Gärung, ausgelöst durch wilde Hefestämme. In offenen Gärbottichen auf dem Dachboden finden wilde Hefen und Milchsäurebakterien schnell ihren Weg in die Bierwürze. Diese Mischkultur verleiht dem Bier einen besonderen, weinähnlichen Geschmack und eine herrliche Säure. Um die Balance zwischen Hefe und Milchsäure zu erhalten, wird mehrere Jahre gealterter Hopfen hinzugegeben. Ohne diesen würden die Milchsäurebakterien überhandnehmen. Durch die lange Lagerung gibt der Hopfen weder Aroma noch Bittere ab. Das Bier lagert ein Jahr im Eichenfass, wird dann mit einem frischen Lambic verschnitten und lagert mindestens ein weiteres Jahr im Fass.

Die Aromen des Lambic sind sehr vielfältig und komplex. Es dominiert zwar die Säure, aber man kann Kiwi, Stachelbeere, Trauben, jungen Pfirsich und auch ledrige Aromen wahrnehmen. Die Farbe ist gold bis hellbraun. Ein reines Lambic hat durch die Fasslagerung relativ wenig Kohlensäure.

Zur Lambic-Familie gehören Gueuze (Geuze), Faro und Fruchtlambic. Bei der Gueuze handelt es sich um eine Mischung aus unterschiedlichen Lambic-Jahrgängen. Die Fässer lagern für drei Jahre und werden anschließend erneut mit einem frischgebrauten Lambic verschnitten und in Flaschen abgefüllt. Dadurch setzt die Gärung erneut ein, und das Bier bekommt eine feine Perlage.

Faro ist ein mit Kandis gesüßtes Lambic. Die süße des Kandis bildet ein Gegengewicht zu der dominanten Säure des Bieres.

Für das Fruchtlambic wird ein junges Lambic auf Früchten gereift. Die Biere werden nach der verwendeten Frucht benannt. Es gibt das Kriek Lambic (Kirsche), Framboise Lambic (Himbeere), Peche Lambic (Pfirsich) und das Casis Lambic (schwarze Johannisbeere).

Lambic Biere sind sauer. Sie sollten nicht unvorbereitet getrunken werden. Wer sich aber darauf einlässt, kann in eine ganz neue Geschmackswelt eintauchen.

💚 **BIEREMPFEHLUNG:** *Cantilllon/Iris, 3 Fonteinen/Oude Geuze & Lambic, Boon Framboise, Gueuzerie Tilquin/Oude Gueze Tilquin à l'ancienne*

Witbier

Seinen Ursprung hat das belgische Weißbier, auch Witbier genannt, im östlich von Brüssel und Leuven gelegenen Teil des Herzogtums Brabant, in einer Gegend mit fruchtbarem Boden, auf dem Gerste, Hafer und Weizen gut gedeihen, und in der schon seit sechs Jahrhunderten gemälzt und gebraut wird. Hier, wo auch die kleine Stadt Hoegaarden entstand, gab es ab dem 16. Jahrhundert eine eigene Brauerzunft. Zum Brauen wurde der heimische Weizen genutzt. Ob damals schon Gewürze und Orangenschalen zum Einsatz kamen, ist unklar, aber durchaus denkbar. Gehörte Belgien doch zu den Niederlanden, und die hatten durch ihre Kolonien Zugriff auf Gewürze und Orangen.

Seine Blütezeit hatte das Witbier im 19. Jahrhundert, als es in und um Hoegaarden 30 Weißbierbrauereien gab. Mitte des 20. Jahrhunderts aber wäre auch das Witbier fast ausgestorben – wäre da nicht Pierre Celis gewesen, der neben der letzten Brauerei in Hoegaarden wohnte. Celis hatte dort häufig ausgeholfen und viel über den Herstellungsprozess gelernt. Er wollte sich nicht damit zufriedengeben, dass es sein Lieblingsbier bald nicht mehr geben sollte. In einen Stall neben seinem Haus baute er eine kleine Brauerei und begann, selbst Witbier zu brauen. Für das klassische belgische Witbier wird Rohweizen unter das Malz gemischt, weitere Zutaten sind Koriander, Muskat und Orangenschalen. Witbiere werden traditionell in der Flasche vergoren.

Das Witbier hat eine strohblonde bis hellgelbe Farbe, ist trüb, hat einen schlanken Körper, eine cremige Konsistenz und eine ganz zarte Bitternote. Die Orangenschalen verleihen dem Bier eine wunderbare Fruchtigkeit und eine deutliche Gewürznote.

Stammwürze: *11 – 12,5° Plato*

Alkoholgehalt: *4,8 – 5,6 Vol.-%*

Bittere: *10 – 17 IBU*

BIEREMPFEHLUNG: *St. Bernadus Wit, Allagash White, Pax/From Asia with love*

Weitere Biere, die unbedingt probiert werden sollten:
Sierra Nevada/Estate Harvest Ale, Dogfish Head/120 Minute IPA,
Firestone Walker/Anniversary, Rodenbach Vintage, Brasserie de
Blaugies/ Saison d'Epeautre.

AUF EIN BIER MIT CHARLIE PAPAZIAN, THE KING OF HOME BREWING

Charlie ist die graue Eminenz der US-Craft-Beer-Szene. Er hat den größten Brauerverband des Landes gegründet, hat das größte amerikanische Craft Beer Fest und den World Beer Cup ins Leben gerufen und das Standardwerk aller Heimbrauer geschrieben.

OLLI: Du bist ein Pionier der Craft-Beer-Bewegung. Anders als deine Mitstreiter hast du aber nie eine eigene Brauerei aufgemacht, sondern immer zu Hause gebraut und in der Brewers Association für Vielfalt gekämpft. Wieso bist du diesen Weg gegangen?

CHARLIE: Ich bewundere die Arbeitsmoral, die Zähigkeit und den Erfolg der kleinen Brauer. Es macht mir Freude, Wissen weiterzugeben. Bevor ich angefangen habe, Fulltime für die Association zu arbeiten, war ich Grundschullehrer. In den siebziger Jahren habe ich außerdem mehr als 1000 Teilnehmern meiner Homebrewing-Kurse beigebracht, wie man Bier braut. Ich schreibe darüber gerne Bücher. Ich habe auch mit großem Vergnügen Veranstaltungen zum Thema Bier auf die Beine gestellt. Aus all diesen Gründen bin ich bis heute für die Association tätig. Wenn ich professioneller Brauer wäre, würde mein Arbeitsalltag ganz anders aussehen. Ich habe aber eben zu meinem Beruf gemacht, was mir am meisten Freude bereitet. Und ich braue immer noch sehr gerne zu Hause, in Quantitäten von 20 Litern. Das macht nicht nur Spaß, damit halte ich mir auch in Erinnerung, aus welchen Gründen Menschen überhaupt in der Bierbranche arbeiten wollen und vor welchen Problemen sie dabei stehen.

OLLI: Seit mehr als 40 Jahren braust du zu Hause – gibt es da überhaupt noch eine Biersorte, an der du dich noch nie versucht hast?

CHARLIE: Da gibt es einige, wahrscheinlich kann man die gar nicht zählen. Normalerweise braue ich, was ich auch gerne selbst trinke und anderen vorsetze. Ich experimentiere auch viel herum, aber es müssen schon Zutaten und Zubereitungsarten sein, die ich grundsätzlich sympathisch finde. Ich habe noch nie versucht, Hefeweizen nach deutschem Rezept zu brauen. Warum? Ich mag's eben nicht, wenn mein Bier nach Hefe, Banane und Nelken schmeckt. Das ist eine ganz individuelle Entscheidung, weil Brauen für mich auch ein sehr persönliches Hobby ist.

OLLI: Erinnerst du dich noch an das erste Bier, das du selbst gebraut hast?

CHARLIE: Ja, es war ganz furchtbar. Hier ist ein Rezept, das ich in einem alten Notizbuch gefunden habe: knapp 20 Liter warmes Wasser, 1 Dose Premier-Blue-Ribbon-Malz (hell oder dunkel), etwa 1½ Dosen Zucker, weiß oder braun – alles vermischen, abkühlen lassen und mit einem Würfel Hefe versetzen – gären lassen, bis keine Blasen mehr kommen (das kann je nach Zuckergehalt und Temperatur eine bis fünf Wochen dauern), am besten bei ca. 7 Grad Celsius – das Gefäß schräg halten.

OLLI: Bei mir war es das Ranger IPA, das meine Brauerkarriere entscheidend auf den Weg gebracht hat, damals, als es noch in der Testphase und in unmarkierten Dosen zu haben war. Gibt es bei dir ein ähnliches Erweckungserlebnis?

CHARLIE: Ja, und zwar dieses Bier nach dem Rezept von dem alten Hasen. Ich habe es selbst gebraut und acht Monate gelagert. Es war interessant und schmeckte auch, besser als das billige amerikanische Pils, das wir als Studenten getrunken haben. Damit hat es bei mir angefangen.

OLLI: Was sind die Kriterien dafür, dass eine neue Sorte offiziell in die *Beer Style Guidelines* aufgenommen wird?

CHARLIE: Wenn alte Biersorten wieder auf den Markt kommen, ist es eine leichte Entscheidung, weil sie eine Geschichte haben.

Neuschöpfungen werden berücksichtigt, sobald genügend Brauer sie produzieren und bei Wettbewerben ins Rennen schicken. Aber nicht jedes interessante und ungewöhnliche Bier, das ein Brauer produziert, ist gleich eine Sorte. Wie populär neue Biervarianten sind und wie sie sich auf dem Markt behaupten, entscheidet, ob eine neue Sorte in den Guidelines aufgenommen wird. Chris Swersey, der unseren World Beer Cup und das Great American Beer Festival leitet, hat das Recht, neue Kategorien oder Subkategorien für Wettbewerbe festzulegen. In den Guidelines sind sie damit noch nicht, aber wenn es genug Anbieter gibt und die Juroren die Sache positiv sehen, kann eine neue Sorte in die Guidelines aufgenommen werden.

OLLI: Inzwischen hat der World Beer Cup fast hundert Kategorien. Wie viele werden in den nächsten Jahren noch hinzukommen?

CHARLIE: Das weiß jetzt noch keiner. Wir nehmen neue Kategorien hinzu, wenn sie vorgeschlagen werden oder wenn Brauer Biere zu Wettbewerben einreichen, die irgendwie experimentell sind und neue Trends verkörpern. Wenn genügend Brauer, sagen wir, Kaffeebier produzieren und einreichen, wird das eine eigene Sorte.

OLLI: Die Craft-Beer-Bewegung ist in Deutschland noch nicht sehr weit, manche Kunden bei uns fragen, wofür man hundert verschiedene Biersorten braucht. Was würdest du denen sagen?

CHARLIE: Wenn jemand mit nur drei oder vier Sorten Bier zufrieden ist, dann würde ich ihm sagen: Prost, genieß es. Es gibt aber immer mehr Bierfreunde und solche, die es noch nicht sind, denen ist an einer größeren Auswahl gelegen oder schmeckt Bier überhaupt zum ersten Mal, weil sie eine Sorte gefunden haben, die zu ihnen passt.

BIER GENIESSEN

7.

AUS DER WELT DES BIERSOMMELIERS

Gemeinsam Vielfalt zu erleben ist etwas, von dem ich eigentlich nie genug bekommen kann. Dabei geht es mir nicht um die Erlangung eines Rauschzustands, sondern vielmehr darum, neue Geschmackserlebnisse zu erfahren und sich auszutauschen. Ich könnte stundenlang mit Freunden am Tisch sitzen, mit ihnen verschiedene Biere teilen und über die verschiedenen Stile, Zutaten und Aromen philosophieren. Bei Verkostungen vergesse ich schnell einmal die Zeit, insbesondere wenn ich merke, dass der Funken überspringt und ich vielleicht sogar den Skeptiker in der Runde (einer ist meistens dabei) begeistern kann.

Auch an der Weltmeisterschaft der Sommeliers für Bier 2013 habe ich eigentlich nur teilgenommen, um Kollegen zu treffen, Erfahrungen zu sammeln, mich auszutauschen und vor allem um Spaß an gelebter Braukultur zu haben. Mit einer Teilnahme am Finale habe ich wirklich nicht gerechnet und erst recht nicht mit der Entscheidung der Jury, mich zum Besten zu küren. Während sich einige der Kollegen mit intensivem Training auf die Weltmeisterschaft vorbereitet hatten, bin ich da mehr oder weniger hineingestolpert.

Aber rückblickend betrachtet kam der Sieg vielleicht doch gar nicht so überraschend. Ich bin ein Bierfreak. Bei mir dreht sich beruflich und privat alles ums Bier, und ich hatte das große Glück, in den letzten Jahren eine unglaubliche Vielfalt von Bieren weltweit probieren zu können. Nicht weil es ein Job von mir verlangt hätte, sondern weil es mich schlichtweg interessierte und mir Spaß machte. Somit könnte man sagen, dass ich mich quasi über Jahre auf die Weltmeisterschaft vorbereitet habe, ohne es zu wissen. Und ein kleines bisschen Glück war vielleicht auch dabei. Im Finale hat jeder Teilnehmer drei Biere zur Auswahl, eines davon muss er der Jury und dem Publikum präsentieren. Der Teilnehmer verkostet das Bier direkt auf der Bühne, er muss in der Lage sein, Optik, Aromen und Flavour richtig zu definieren, den Bierstil inklusive Herkunft zu beschreiben, eine Speiseempfehlung zu geben, und idealerweise kann er auch noch eine Geschichte zu dem Bier oder der Brauerei erzählen. Und zu guter Letzt geht es vor allem darum, das Publikum für das Bier zu begeistern.

Als ich auf die Bühne kam, stand da mein Lieblingsbierstil, und noch dazu von einer Brauerei, die ich sehr gut kenne, da fiel mir die Entscheidung natürlich leicht. Es war das Double India Pale Ale *Double Jack* von der Firestone Walker Brewing Company.

DIE VERKOSTUNG

DIE VORBEREITUNG

Zunächst einmal wird die Temperatur des Bieres auf den Bierstil abgestimmt. Bei kreativen Bieren steht die empfohlene Trinktemperatur häufig auf dem Etikett, sie liegt je nach Bierstil zwischen 7 Grad und 12 Grad Celsius. Ist das Bier kalt gestellt, geht es um die Auswahl des richtigen Glases, hierbei stelle ich mir die Frage, was für Aromen das Bier hat und wie ich diese am besten zur Geltung bringen kann. Inzwischen gibt es glücklicherweise immer mehr Gläser, die für bestimmte Bierstile optimiert wurden. Das Verkostungsglas sollte auf jeden Fall geruchsneutral sein. Nicht nur deswegen sollte es nach dem Waschen gut ausgespült werden, Rückstände des Spülmittels beeinflussen neben dem Geruch auch die Schaumbildung des Bieres.

Während ein Bier verkostet wird, sollte man sich idealerweise nicht unterhalten. Denn wenn jemand ein Aroma-Schlagwort in den Raum wirft, bewirkt das bei den anderen durch Suggestion, dass man eben genau dieses Aroma auch tatsächlich wahrnimmt. Zu einem späteren Zeitpunkt ist ein Gedankenaustausch natürlich absolut erwünscht.

DAS EINSCHENKEN

Damit nicht allzu viel Schaum entsteht, halte ich das Glas im 45-Grad-Winkel und lasse das Bier vorsichtig an der Glaswandung herunter ins Glas laufen. Der Schaum wirkt wie eine Decke über dem Bier und hält viele Aromen erst einmal zurück. Außerdem befinden sich in dem Schaum vermehrt Bitterstoffe, so dass die Bittere beim ersten Schluck mit viel Schaum viel stärker wirkt, als sie eigentlich ist.

BITTEREINHEITEN

Bittereinheiten, auch kurz IBU (International Bitter Units) genannt, sind das Standardmaß für die Bittere eines Bieres. Wobei der Maßstab für einen Vergleich eigentlich nur innerhalb eines Bierstils sinnvoll anwendbar ist. Nimmt man beispielsweise ein norddeutsches Pils und ein India Pale Ale, das gut und gerne doppelt so viele Bittereinheiten hat, und verkostet diese, wird man schnell feststellen, dass der subjektive Eindruck nicht mit den angegebenen Bittereinheiten übereinstimmt – man nimmt das India Pale Ale nicht als doppelt so bitter wahr. Denn während beim Pils die Bittere dominiert, weil kein Körper da ist, der der Bittere Paroli bieten kann, kommen beim India Pale Ale neben der Bittere noch weitere Komponenten ins Spiel – die Malzaromatik, die Süße des Körpers und die Aromatik des Hopfens. Idealerweise stehen diese Faktoren in Harmonie zueinander, sodass keiner den Geschmack dominiert.

DAS ERSTE RIECHEN

Manche Aromen sind schnell flüchtig, und ich nehme sie nur direkt nach dem Einschenken wahr. Um die zu erwischen, rieche ich direkt einmal an dem Bier. Zunächst halte ich das Glas ein wenig von der Nase entfernt und führe es erst langsam näher heran.

DAS BETRACHTEN

Nach dem ersten Riechen widme ich mich dem Aussehen. Als Erstes schaue ich auf den Schaum – was hat er für eine Farbe? Ist er feinporig? Zerfällt er schnell? Haftet er an der Glaswandung? Im zweiten Schritt begutachte ich die Trübung und Farbe des Bieres. Am besten geht das mit einem Glas, das an einer Stelle gradwandig ist, da sich die Farbe mit der Menge der Flüssigkeit, durch die man schaut, verändert. Die Farbskala reicht von strohhell bis schwarz.

GLÄSER

Es war einmal ein Bierglas, das sah ungewöhnlich aus, es fiel auf, wenn es auf dem Tresen stand. Das Glas wurde speziell für eine Brauerei entworfen. Vermutlich sollte der Konsument nicht nur mit dem Etikettendesign begeistert werden, sondern eben auch mit einem unverwechselbaren Glas. Optisch gesehen ganz sicher eine Punktlandung. Wem das Ganze aber nicht gutgetan hat, war das Bier. Es schmeckte aus anderen Gläsern deutlich besser als aus dem eigens für das Bier entwickelten Glas.

Lange Zeit stand bei der Bierglas-Entwicklung das Design im Vordergrund, die Sensorik spielte eine zweitrangige Rolle. Man könnte sagen, die Gläser haben sich der Vereinheitlichung auf dem deutschen Biermarkt angepasst. Die Brauereien versuchten, sich mit den Individualgläsern von den Mitbewerbern abzuheben und das verstaubte Bier-Image loszuwerden. Vom Bier her hätte es zu dem Zeitpunkt keiner Neuerung bedurft. Es wurden ja auch keine neuen Bierstile entwickelt, für die man andere Gläser hätte brauchen können, und für die herkömmlichen Biere gab es schon die passenden Gläser, die ihren Zweck wunderbar erfüllten.

Aber parallel zum Wiederaufleben der Biervielfalt hat sich auch auf dem Glasmarkt einiges getan. Erinnern die ersten Gläser, die für kreative Biere in Deutschland auf den Markt kamen, noch sehr an Weingläser, fangen immer mehr Glashersteller an, den Kreativbiergläsern ein ganz eigenes Gesicht zu geben. Intensiv in die Entwicklung eingebunden sind nicht nur Glasdesigner, sondern auch Braumeister und Biersommeliers.

Nach meinem Weltmeister-Titelgewinn hatte ich das große Glück, zusammen mit Glasdesignern der Firma SAHM ein Glas entwickeln zu dürfen. Ich hatte ziemlich genaue Vorstellungen davon, was dieses Glas können sollte. Eigentlich ist es sinnvoll, für jeden Bierstil ein eigenes Glas zu haben, aber wir sind in Deutschland leider noch nicht so weit, dass wir sagen können: «Lieber Wirt, hier sind fünf verschiedene Biere von mir, und hier sind die fünf verschiedenen Gläser zu den Bieren.» Daher habe ich mich für ein Universalglas entschieden. Es sollte auf dem Tresen direkt als Bierglas erkennbar sein, es sollte als Verkostungsglas genauso funktionieren wie als normales Trinkglas. Das Bier sollte bei einer Verkostungsmenge von 100 Millilitern eine größtmögliche Oberfläche haben, damit sich die Aromen entfalten können, die dann durch die sich nach oben verjüngende Glasform wieder gebündelt werden. Ich wollte einen massiven Sockel, in den das Bier zur Hälfte hineinfließt. Dadurch erreiche ich einen größtmöglichen Steigraum für die Kohlensäure, die die Aromen so optimal an die Oberfläche befördert. Außerdem erlaubt das Bier im Stil bei einer Verkostung den Bier-Farbvergleich, während ich das Glas am massiven, unteren Teil des Stiles anfassen kann, ohne das Bier zu erwärmen.

Auf der Grundlage meiner Ideen wurden erst Zeichnungen und dann Prototypen des Glases angefertigt. Der nächste Schritt war eine Verkostung, um festzustellen, welche Variante die Aroma-Eigenschaften der Biere optimal transportiert. Ich habe mit den drei mundgeblasenen Gläsern acht verschiedene Bierstile verkostet. Es ist wirklich faszinierend, wie unterschiedlich das gleiche Bier aus drei verschiedenen Gläsern schmecken kann. Entschieden habe ich mich schließlich für die Variante, die sowohl Malz als auch hopfenbetonte Biere ideal zur Geltung bringt. Das richtige Glas kann die Aromen eines Bieres wunderbar in ihrer ganzen Vielschichtigkeit präsentieren, aber das falsche Glas kann das Bier eben auch komplett zerstören.

DAS ZWEITE RIECHEN

Zuerst bewegt man das Glas in einigem Abstand vor der Nase hin und her und riecht die stärkeren Aromen. Langsam arbeitet man sich näher an das Glas heran und nimmt die verschiedenen Facetten wahr. Dann wird das Bier ein wenig im Glas geschwenkt, um etwas mehr Kohlensäure aufsteigen zu lassen, die die Aromen an die Oberfläche befördert und freisetzt. Beim intensiveren Riechen kann man sich noch einmal darauf konzentrieren, hinter die dominanten Aromen zu riechen und die etwas feineren Nuancen im Hintergrund wahrzunehmen.

WAHRNEHMUNG VON GERUCH UND GESCHMACK

Über die Zunge kann ich fünf Geschmäcker wahrnehmen: süß, salzig, bitter, sauer und umami. Alle anderen Aromen und Geschmacksnuancen werden über knapp 350 verschiedenen Rezeptoren in der Nase wahrgenommen, die in der Lage sind mehr als 10 000 Gerüche zu unterscheiden. Dabei werden Gerüche und Geschmäcker in Bildern abgespeichert. Es gibt also keine guten oder schlechten Nasen, es geht eher um die Fähigkeit, den Gerüchen bestimmte Bilder zuzuordnen.

In der Sommelier-Fachsprache wird zwischen Flavour und Aroma unterschieden. Aroma ist alles das, was man wahrnimmt, wenn man an dem Bier riecht. Von Flavour spricht man, wenn man die Eindrücke von Geschmack, Geruch und Textur beschreiben möchte, die beim Trinken wahrgenommen werden.

DER ERSTE SCHLUCK

Jetzt wird es richtig spannend, das Bier geht im Mund durch verschiedene Phasen. Zuerst schmecke ich an der Zungenspitze die Süße. Gefolgt von dem Mundgefühl – ist er wässrig, macht es sich im Mund breit, ist es schwer oder zäh – und der Rezenz, dem Prickeln und der Spritzigkeit des Bieres. Säure und Bittere werden weiter hinten auf der Zunge wahrgenommen. Im sogenannten retronasalen Bereich tauchen dann weitere Geschmackseindrücke auf. Es sind Flavours, die nicht durch die Zunge, sondern wieder durch die Nase wahrgenommen werden – diesmal dadurch, dass die Aromen im Rachen zur Nase hochsteigen.

Beim Herunterschlucken kann dann der Abtrunk beurteilt werden – hallen Bier, Flavour und Bittere noch lange nach? Ist die Bittere vielleicht sogar kratzig? Kommen noch einmal andere Flavours zum Vorschein? Oder klingt das Bier ganz rasch ab? Beim zweiten Schluck können die ersten Eindrücke noch einmal überprüft werden, eventuell nimmt man noch weitere Nuancen wahr. Lässt man das Glas ein wenig stehen und nimmt dann einen weiteren Schluck, kann sich der Eindruck aufgrund der Sauerstoff- und Temperaturzunahme noch einmal verändern.

AUF EIN BIER MIT ESTHER ISAAK DE SCHMIDT-BOHLÄNDER, BIERHÄNDLERIN

Esther betreibt seit etwas mehr als zehn Jahren zusammen mit ihrem Mann Thomas das Bierland in Hamburg, und das mit sehr viel Leidenschaft, Begeisterung, Offenheit und Neugierde.

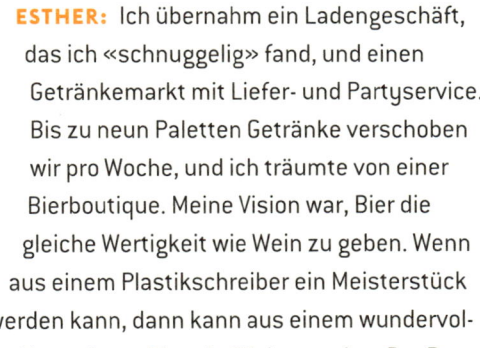

OLLI: Esther, du hast schon Craft Beer verkauft, bevor die Deutschen überhaupt wussten, was das ist. Wie bist du darauf gekommen?

ESTHER: Ich übernahm ein Ladengeschäft, das ich «schnuggelig» fand, und einen Getränkemarkt mit Liefer- und Partyservice. Bis zu neun Paletten Getränke verschoben wir pro Woche, und ich träumte von einer Bierboutique. Meine Vision war, Bier die gleiche Wertigkeit wie Wein zu geben. Wenn aus einem Plastikschreiber ein Meisterstück werden kann, dann kann aus einem wundervollen und komplexen Bier ein Elixier werden. Der Rest der Geschichte ist auf Leidenschaft, Neugierde und Hartnäckigkeit zurückzuführen. Ungefähr einem Dutzend Männern schulde ich das Ergebnis. Alle halfen mir, erklärten, informierten mich über Neues. Wir saßen zusammen und krümelten Schokolade in unterschiedliche Biertypen und sannen darüber nach, wie man wohl ein Bier mit Schokolade machen könnte. Drei Jahre lang war ich unterwegs, um alles über Bier zu lernen, Bier einzukaufen, zu verkosten, zu verkaufen, zu begreifen.

2008, Anfang Oktober, hatten wir schließlich ein Schlüsselerlebnis: Nick und Henrik luden uns für drei Tage nach Dänemark ein. Was wir dort erlebten, definierte für uns den Begriff «gutes Bier» neu: Bier- und Weinläden, riesige Bierabteilungen in den Supermärkten, Verkostungen mit 150 Leuten, Kleinbrauereien mit dem

Willen zu informieren. Besonders unvergesslich war der Besuch des Thisted Bryghus, wo der Braumeister Peter eine Kiste Verkostungsmaterial für uns bereitgestellt hatte und uns zeigte, wie er Bier mit Gaggelstrauch macht. Um uns herum brachen die Banken zusammen, wurden die Rettungsschirme gespannt, und wir wussten nur eines: Nur dieses kann für Bierland der richtige Weg sein.

OLLI: Inzwischen sind kreative Biere total angesagt – wie hat sich deine Kundschaft im Laufe der Jahre verändert?

ESTHER: Unsere Strategie war immer die der Aufklärung. Über unzählige Verkostungen haben wir Kriterien für gutes Bier weitergegeben und trotzdem immer die Devise «Trink, was dir schmeckt» hochgehalten. Viele unserer Kunden haben uns auf diesem Weg begleitet und sind uns treu geblieben. Vor zehn Jahren hatten weder Tankstellen noch Supermärkte Biere auf dem Zettel. Die großen Getränkemärkte waren erst am Entstehen. Wir haben die Kunden verloren, die nur auf den Preis schauen und keine Ansprüche an den Geschmack haben.

Unser Fokus auf die Beratung hat dazu geführt, dass der Kunde heute mit dem Menüzettel in der Hand zu uns kommt und uns bittet, die Bierempfehlungen dazu zu machen. Das ist das, was uns fordert und Spaß macht. Gleichzeitig sind wir aber auch froh, dass wir immer noch auch Mengengeschäft machen, denn erst das macht das Geschäft rentabel. Die Gefahr eines Ladens wie unseres ist die, zum Geschenkeladen zu verkommen. Das ist nicht unser Ziel. Gleichzeitig haben wir auch viele Stammkunden, die bei jedem Besuch ein neues Bier erwarten. Die Kunst besteht darin, sich nicht nur auf diese Kunden zu konzentrieren, zumal sie auch die Lauten in den Sozialen Medien sind, sondern eher dafür zu sorgen, dass die Kreativbrauer mit ihren Bieren auch zu Lebensbegleitern für den Kunden werden, wie es die großen Brauereien bereits sind.

OLLI: Du hast mit den «Barleys Angels Deutschland – Die Gerstenengel e. V.» einen Frauenbierclub gegründet und bietest Verkostungen nur für Frauen an – warum können Frauen und Männer nicht gemeinsam Bier genießen?

ESTHER: Susanne Hecht und ich hatten parallel zueinander die Erfahrung gemacht, dass Bierverkostungen, die sich entweder nur aus Männern oder nur aus Frauen zusammensetzen, ganz unterschiedlich im Verlauf sind. Frauen kommen in einer von Männern dominierten Welt eher zum Zuge, wenn sie nur unter sich sind. Oftmals würde man gerne auf weibliche Resonanz aus der Gruppe eingehen, hat jedoch wenig Chancen, weil ein selbsternannter männlicher Bescheidwisser alle niederredet. Frauen kommunizieren anders als Männer, und um ihnen den Freiraum zu geben, uns mitzuteilen, was sie mögen, haben wir den Verein gegründet.

OLLI: Es gibt viele Frauen, die sagen: «Bier schmeckt mir nicht», oder «Ich trinke eigentlich kein Bier» – wie überzeugst du sie vom Gegenteil? Gibt es deiner Meinung nach ein «Frauenbier»?

ESTHER: Keiner weiß, was Frauen mögen. Eines ist jedoch klar: Frauen lassen sich sehr von ansprechenden schönen Flaschen verführen. Frauen mögen raffinierte Aromen, die an Früchte oder Blüten oder Pralinen erinnern. Generell gibt es sehr viele Frauen, die wenig Alkohol trinken. So steht der Genuß gepaart mit dem ästhetischen Erleben im Vordergrund. Dieses Bier kann jedoch bitter wie der Tod oder süß wie die Liebe sein. Frauen trinken alles mit einer leichten Tendenz zu obergärigen Bieren, weil diese in der Regel aromatisch vielseitiger und blumiger sind. Und über allem steht die Kommunikation. Zum Thema Frauenbier, hier bleibt nur ein empörter Satz zu zitieren: «‹Frauenbier› ist genauso diskriminierend wie ‹Kinder- und Seniorenteller›.»

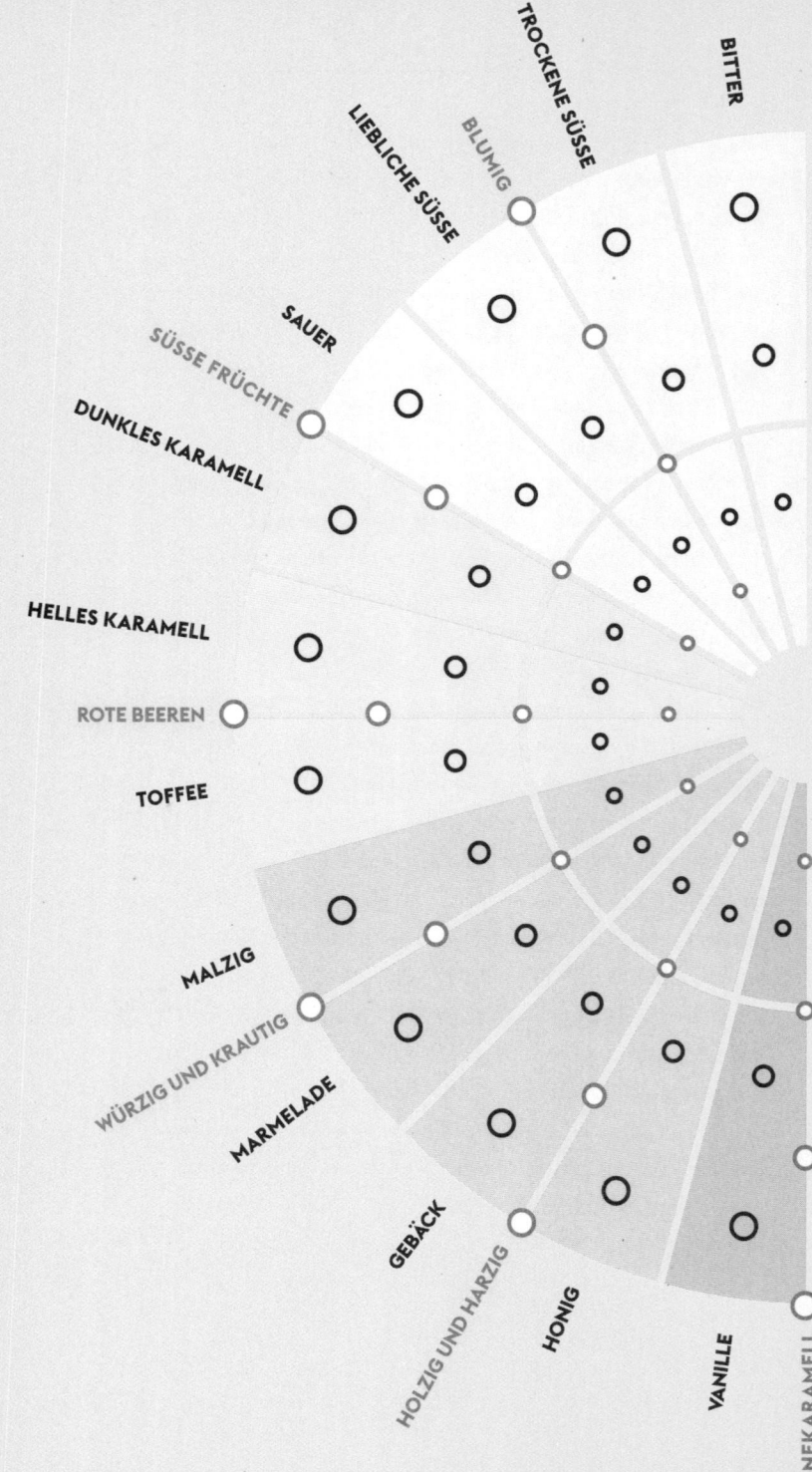

TROCKENE SÜSSE

BITTER

LIEBLICHE SÜSSE

BLUMIG

SAUER

SÜSSE FRÜCHTE

DUNKLES KARAMELL

HELLES KARAMELL

ROTE BEEREN

TOFFEE

MALZIG

WÜRZIG UND KRAUTIG

MARMELADE

GEBÄCK

HOLZIG UND HARZIG

HONIG

VANILLE

SAHNEKARAMELL

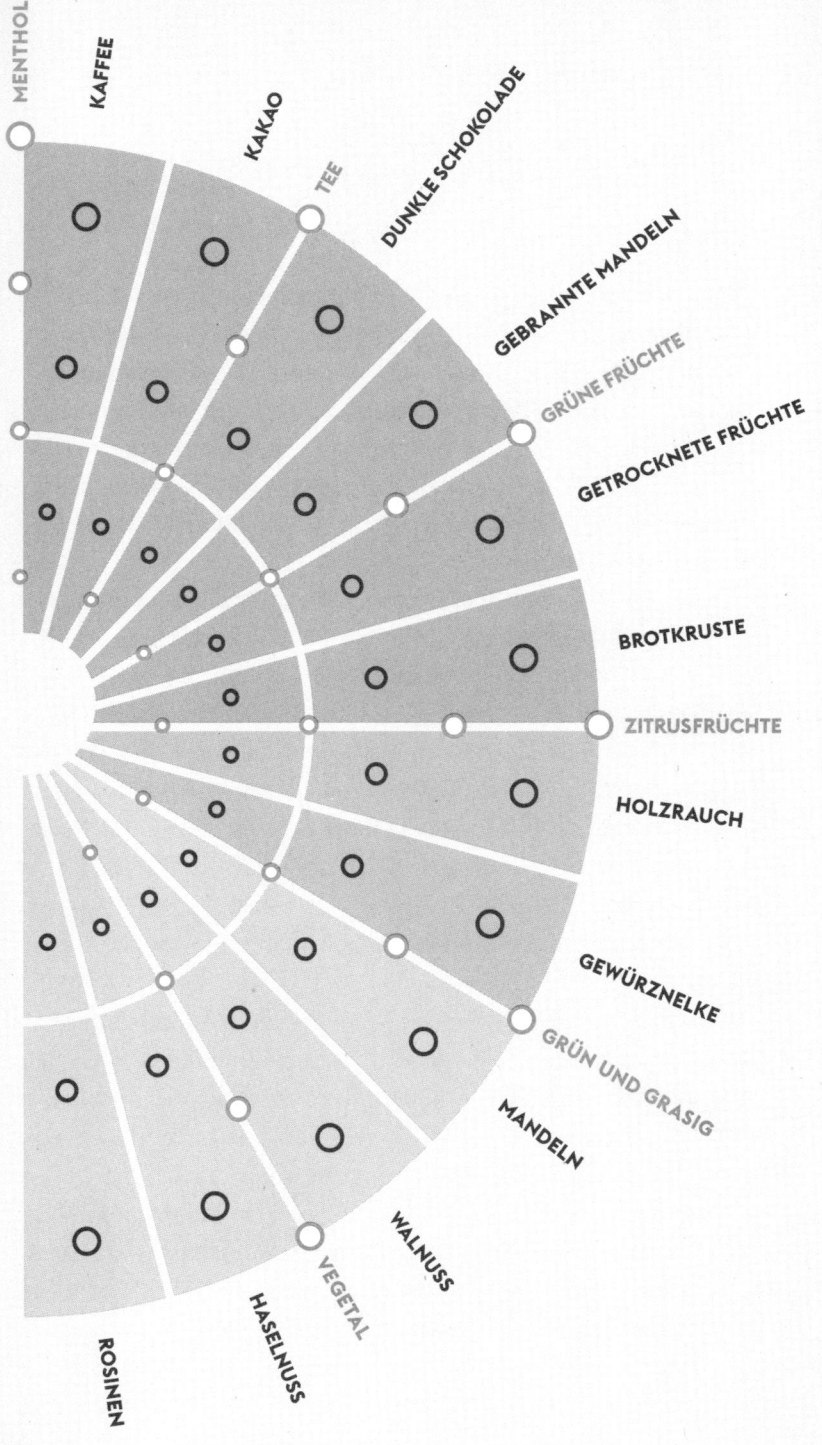

MENTHOL
KAFFEE
KAKAO
TEE
DUNKLE SCHOKOLADE
GEBRANNTE MANDELN
GRÜNE FRÜCHTE
GETROCKNETE FRÜCHTE
BROTKRUSTE
ZITRUSFRÜCHTE
HOLZRAUCH
GEWÜRZNELKE
GRÜN UND GRASIG
MANDELN
WALNUSS
VEGETAL
HASELNUSS
ROSINEN

DIE NEUE WERTIGKEIT

⬤ Es ist eine mutige These, aber ich behaupte, dass jeder aufgeschlossene Mensch, der zu einer unserer Bierverkostungen kommt und verschiedene Bierstile von meinen Kollegen und mir kennenlernt, mit einer neuen Meinung über Bier wieder nach Hause geht. Und das liegt nicht an meiner Person, es gibt viele Kollegen, die mit der gleichen Begeisterung bei der Sache sind, und wir sind nur die Moderatoren. Die wirkliche Überzeugungsarbeit leisten die Biere ganz allein.

Denn Bier ist zum Glück nicht mehr nur das Massenprodukt, das man im Getränkemarkt nach dem günstigsten Preis auswählt, weil sich die verschiedenen Marken im Geschmack eh kaum unterscheiden. Es gibt Biere, die mehr wert sind. Weil sie anders sind, weil sie individuell sind, weil sie in kleiner Menge handwerklich gebraut werden, weil ein Vielfaches an Rohstoffen zum Einsatz kommt, weil die Kleinen für ihre Rohstoffe generell viel mehr zahlen als die Großen und weil die Brauer ihrem Bier exakt die Lagerzeit einräumen, die es zur vollen Geschmacksentfaltung braucht. Auch wenn es dann schnell mal eng wird im Lagerkeller.

Der Preis sollte beim Bier nicht länger die Kaufentscheidung dominieren. Viel wichtiger sind doch ganz andere Fragen. Wie schmeckt es? Hinterlässt das Bier bleibende Geschmackseindrücke? Wo und von wem wurde es gebraut? Was ist drin? Und zu welcher Gelegenheit möchte ich es trinken?

Das ist ungewohnt, war Bier doch jahrelang einfach da und man hat sich nicht viel Gedanken darüber gemacht – wenn man auf der Suche nach einem besonderen Genusserlebnis war, wurde lieber zum Wein gegriffen. Aber inzwischen gibt es immer mehr

Leute, die die neue Wertigkeit des Bieres erkennen und bereit sind, für ein besonderes Geschmackserlebnis einen angemessenen Preis zu zahlen. Und die haben sich auch schon daran gewöhnt, dass sie manchmal nur mit ein paar Flaschen und nicht mit einer ganzen Kiste nach Hause gehen und trotzdem mehr bezahlt haben. Denn sie wissen, was sie in der Hand halten, und vielleicht wissen sie auch schon, zu welcher Gelegenheit sie die Flaschen öffnen werden.

Welches Bier ich wann und wie trinke, hängt bei mir davon ab, in welcher Gesellschaft ich mich befinde und zu welchem Zweck ich es trinke. Wenn ich abends abschalten möchte, den Tag Revue passieren lasse und den Wolken hinterherschaue, trinke ich ein anderes Bier als zu einem bestimmten Essen oder wenn ich mit Freunden im Stadtpark Frisbee spiele. Ich vergleiche das gerne mit der Musik. So wie ich für jede Situation die passende Musik finde, gibt es auch für jede Situation das passende Bier. Das Bier muss auf jeden Fall ein angenehmer Begleiter sein. Das kann von vielschichtig und schwer bis hin zu leicht und spritzig sein. Auf jeden Fall muss es Charakter und Aroma mitbringen. Dabei muss es einen aber nicht immer zwingend gleich mit der Aromakeule erschlagen. Im Stadtpark oder am Strand kann es auch mal ein schönes Helles mit dezentem Hopfenaroma sein.

Aber wenn ich Wasser trinken will, trinke ich Wasser, und wenn ich bitteres Wasser trinken will, lasse ich lieber eine Tasse grünen Tee zu lange ziehen, als ein langweiliges Industriebier zu trinken.

HEIMBRAUEN

8.

REZEPTENTWICKLUNG

Das erste selbstkreierte Bier auf den Markt zu bringen ist unglaublich spannend. Bei mir war es ein Lager für die Cayman Islands Brewery. Ich war als Projektleiter vor Ort, koordinierte den Neubau der Brauerei, blieb eine Zeit als technischer Leiter und durfte auch gleich das Rezept für das erste *Caybrew* entwickeln.

Der Bierstil wurde mir in diesem Fall vorgegeben, ich sollte ein Lager brauen, das in das Klima passt. Ich habe mir dann darüber Gedanken gemacht, wie ich den relativ eindimensionalen Bierstil so brauen kann, dass das Bier aus der Masse heraussticht. Ganz oben auf der Zutatenliste stand von Anfang an ein Aromahopfen aus dem tschechischen Saaz. Der Hopfen simuliert in dem leichten Bier eine wunderbare Süße, und man hat das Gefühl, dass das Bier ein bisschen mehr Körper hat, als es eigentlich der Fall ist. Für das *Caybrew* war er der Clou. Ein bisschen wie Safran in der Fischsuppe: Es geht auch ohne, doch er verleiht der Suppe die besondere Note.

Bevor man das Rezept in allen Einzelheiten verfasst, wird das Bier schon einmal im Kopf gebraut. Als Inspiration dienen Sachen, die ich gelesen habe, oder Biere, die ich probiert habe. Ich überlege mir, welcher Bierstil es sein soll und welche Nuancen für ein besonderes Geschmackserlebnis sorgen könnten. Im Laufe der Jahre haben sich bei mir schon ein paar Rezepte auf der «Muss ich unbedingt mal brauen»-Liste angesammelt. Und das Gedankenkarussell wird natürlich immer wieder neu in Gang gesetzt, wenn ich ein Bier verkoste, das mich beeindruckt, wenn ich etwas über eine spannende neue Hopfensorte lese oder wenn ich über Zutaten stolpere, von denen ich denke, damit müsste man mal ein Bier brauen.

Mit der Skizze des geplanten Bieres im Kopf gehe ich an meinen Bücherschrank und hole mir zunächst die Rezeptbücher hervor. Vielleicht hat ja schon jemand ein ähnliches Bier gebraut, und das hat gut geklappt, oder ich finde den Bierstil samt Eckdaten in den *Beer Style Guidelines* der Brewers Association. Dann hat man schon einmal einen Leitfaden. Im nächsten Schritt wähle ich die Zutaten aus. Dabei sind die Aromaprofile der Hefebanken, Hopfen- und Malzhändler wertvolle Quellen, anhand derer die Geschmacksnuancen des Bieres bestimmt werden können. Wenn die Eckdaten – Bierstil, Alkoholgehalt, Bittere und Farbe – feststehen, geht es ans Rechnen. Es muss bestimmt werden, wie viel von welcher Zutat benötigt wird, hierbei helfen verschiedene Formeln.

Im Folgenden werde ich aufzeigen, wie man die Mengenverhältnisse der Rohstoffe relativ einfach, aber für das Heimbrauen völlig ausreichend, «über den Daumen» berechnen kann. Schließlich möchte ich für das Brauen am heimischen Herd begeistern und nicht mit komplexen Formeln langweilen.

Als Erstes geht es um die Berechnung, wie viel Malz ich für mein Bier brauche. Ich kann entweder mit einem gesetzten Alkoholgehalt die Stammwürze berechnen, oder umgekehrt. Vereinfacht gilt:

$$\text{Stammwürze} = 2 \times \text{Alkoholgehalt im fertigen Bier} + \text{Restextrakt}$$

Mit der Stammwürze habe ich jetzt den prozentualen Anteil aller im Wasser gelösten Stoffe. Nun ist es aber nicht so, dass das gesamte Malz zu 100 Prozent in Extrakt umgewandelt wird. Ein modernes Sudhaus kann 75 Prozent der Malzschüttung als Extrakt in Lösung bringen, ein einfaches Heimbrau-Equipment liegt nur bei 60 Prozent. Daher muss bei der Bestimmung der

Malzmenge noch der Ausbeutefaktor berücksichtigt werden. Vereinfacht gilt:

$$\text{gesamte Malzmenge} = \frac{\frac{\text{geplante Würzemenge bei Kochende} \times \text{Stammwürze}}{100}}{100} \times \frac{100}{60}$$

Nachdem ich die Malzmenge berechnet habe, geht es um die Farbe des Bieres. Hier entscheide ich, zu welchen Anteilen ich meine ausgewählten Malze in die Schüttung gebe.

Hierfür gibt es ebenfalls richtig ausgeklügelte Formeln, aber eine näherungsweise Berechnung reicht für den Heimbrau-Bereich vollkommen aus. Der so genannte EBC-Wert (Einheit zur Bestimmung der Farbstärke) wird von der Mälzerei angegeben. Die Stammwürze spielt auch bei der Berechnung der Farbe eine Rolle. Je höher die Stammwürze, umso intensiver wird die Farbe.

Vereinfacht gilt:

$$\text{Bierfarbe} = \frac{\text{Summe (Gewicht des jeweiligen Malzes} \times \text{EBC-Wert)}}{100} \times \frac{\text{Stammwürze}}{10}$$

Sobald ich die Malzschüttung festgelegt habe, kenne ich die Farbe und den Alkoholgehalt des Bieres. Jetzt geht es um den Hopfen und darum, wie viel Bittere ich in das Bier reinbringen möchte. Dabei spielt sowohl die Menge als auch der Zeitpunkt der Hopfengabe eine entscheidende Rolle. Eine Bittereinheit ist definiert als ein Milligramm Isoalphasäure pro Liter. Wenn ich also ein Bier mit 50 Bittereinheiten brauen möchte, brauche ich 50 Milligramm Isoalphasäure pro Liter, und bei 100 Litern Bier sind es eben 100 mal 50 Milligramm. Eine einfache Rechnung. Aber leider verwandelt sich die im Hopfen vorhandene Alphasäure nicht einfach eins zu eins in Isoalphasäure, und die Ausbeute ist auch stark von der Kochzeit abhängig. Vereinfacht kann man sagen, je länger ich den Hopfen koche, umso besser ist die Ausnutzungsrate der Bitterstoffe. Näherungsweise kann man sagen: Wenn man den Hopfen zu Kochbeginn hinzugibt, wird etwa 30 Prozent der Alphasäure in Isoalphasäure umgewandelt. Dies geht dann aber leider auf Kosten der Aromastoffe. Bei einer Aromahopfengabe am Ende der Kochung liegt die Ausnutzung der Alphasäure nur noch bei 5 bis 10 Prozent. Um möglichst viele Bitterstoffe aus einem Hopfen herauszubekommen, muss ich diesen möglichst lange kochen; um möglichst viele Aromastoffe zu bewahren, sollte ich den Hopfen möglichst spät geben, da diese sich sonst verflüchtigen.

Ich habe einmal etwas über einen Forschungsansatz gelesen, der eine Lösung für dieses Dilemma lieferte. Der Ansatz erschien mir so plausibel, dass ich diesem seitdem folge. Er besagt, dass das Hopfenaroma bei einer frühen Gabe in die Vorderwürze eine sogenannte glykosidische Bindung eingeht und so beim Kochen geschützt bleibt. Damit kann ich für den eingesetzten Hopfen eine bestmögliche Ausnutzung der Alphasäure erreichen, ohne das Aroma zu verlieren.

Zurück zum Rezept: Ich berechne mit der Alphasäuremenge, der möglichen Ausbeute und den Kochzeiten, wie viel Hopfen ich wann zugebe, um den gewünschten Bitterstoffgehalt und das gewünschte Aroma zu erlangen.

Bei der Bestimmung der Hefe ist alles ein wenig einfacher. Die Wahl der Hefeart bestimmt meine Gärtemperatur. Die obergärige Hefe arbeitet bei 15 bis 25 Grad, die untergärige Hefe kommt bei 5 bis 15 Grad so richtig in Schwung. Durch die genaue Wahl der Temperatur in dem jeweiligen Gärtemperatur-Spektrum der Hefe habe ich dann noch einmal die Möglichkeit, das Aroma der Hefe zu beeinflussen.

Sind die Zutaten komplett, müssen am Ende noch die Dauer und die Temperaturen für die einzelnen Schritte des Prozesses bestimmt werden, denn auch die wirken sich auf den Geschmack aus. So kann ich beispielsweise über die Länge der Temperaturstufen beim Maischen steuern, wie viel Restextrakt im Bier erhalten bleibt. Auch die Dauer der Kochung beeinflusst die Farbe und den Geschmack des Bieres.

Mit der Grundidee meines Rezepts fahre ich dann einen Testsud und schaue, ob es passt. Im Laufe der Zeit habe ich einen gewissen Erfahrungsschatz gesammelt, und häufig passt es auf Anhieb. So wie bei unserem *Prototyp*, da musste nichts mehr weiterentwickelt oder verändert werden. Somit ging unser erster *Prototyp* in Serie und trägt deshalb seinen Namen.

Wenn ich mit einem Rezept noch nicht hundertprozentig zufrieden bin, verändere ich es, und der Sud wird erneut getestet. Das mache ich so lange, bis das Bier genau so schmeckt, wie ich es mir vorstelle.

SELBER BRAUEN

⬧ Wir veranstalten jeden Monat einen Braukurs bei uns in der Brauerei. Er ist eine wunderbare Möglichkeit, auf die Wertigkeit von Bier aufmerksam zu machen. Wer einmal selber am Kessel stand, bekommt einen neuen Blick auf das Bier. Bei einem unserer Braukurse waren auch die zwei Kieler, Enno und Bene, mit von der Partie. Sie hatten den Braukurs von ihren Frauen zu Weihnachten geschenkt bekommen. Die zwei haben schon immer gerne Bier getrunken, aber bis zu diesem Zeitpunkt hatten sie mit kreativen Bieren nicht viel am Hut. Doch während des Braukurses haben sie Blut geleckt und bestellten sich bereits auf dem Rückweg nach Kiel das notwendige Brauzubehör im Internet. Seitdem stehen die zwei Jungs regelmäßig zusammen am Braukessel. Ihr erstes Bier durfte auch ich probieren, und ich war beeindruckt. Ihres war deutlich besser als das von manchen Leuten, die ihr Bier professionell verkaufen.

Wenn man mit der richtigen Sorgfalt an die Sache herangeht, kann man mit relativ wenigen Mitteln spannende Biere in der eigenen Küche herstellen. Und wenn man dann auch noch gemeinsam mit Freunden braut, ist es eine gesellige Sache, die einfach nur Spaß macht. Aber Achtung, es besteht Suchtgefahr! Wer einmal damit anfängt, kann nur schwer wieder mit dem Brauen aufhören. Enno und Bene sind gerade dabei, sich einen eigenen Braukeller einzurichten – in der Küche wird es langsam ein wenig zu eng.

Wem es jetzt schon in den Fingern juckt, der kann relativ zügig loslegen. Für den Anfang gibt es im Folgenden eine Anleitung des Brauprozesses und drei Rezepte, zwei davon sind von zwei Kollegen und Freunden, die ihre Brauprojekte ebenfalls am heimischen Herd begonnen haben. Wer das Ganze ernsthafter betreiben möchte, sollte einen Braukurs besuchen oder sich ein spezielles Heimbrauerbuch zulegen.

DAS WIRD GEBRAUCHT

TÖPFE & GEFÄSSE

Bei der Auswahl der Gefäße beachten, dass beim Kochen und Rühren Steigraum gebraucht wird, daher nicht bis zur Kante füllen.

Maischbottich/Würzepfanne

Topf mit eigener Heizung, zum Beispiel Einkochtopf oder alternativ großer Kochtopf auf Paellabrenner oder Herd.

Läuterbottich

Gefäß mit Siebboden und Ablaufhahn oder für die ersten Sude von 10 bis 15 Litern reichen auch zwei Töpfe und ein Sieb (wenn die Sieblöcher zu groß sind, kann mit Gaze oder Mullwindel ausgelegt werden).

Gärbehälter mit Deckel

Aus Plastik oder Edelstahl. Der Gärbehälter sollte sich gut reinigen und sterilisieren lassen (beispielsweise ein Plastikmostbehälter).

Einen Glasgärballon könnte man auch nehmen. Ein Ablaufhahn ist schön, wenn der Gärbehälter das nicht hat, muss man Weinheber besorgen (Prinzip Benzintank mit Schlauch ansaugen), um das Bier vom Gärbehälter in die Lagerbehälter zu füllen.

Flaschen mit Bügelverschluss

Zur Nachgärung.

Eimer

ZUBEHÖR (BEREITS IM HAUSHALT VORHANDEN ODER IM HOBBYBRAUERSHOP ERHÄLTLICH)

Spindel und Messzylinder oder Refraktometer
Zur Bestimmung der Stammwürze – Anteil der gelösten Stoffe aus Hopfen und Malz an der Gesamtwürze.

Thermometer
Zur Kontrolle der Temperaturen beim Maischen, muss bis 100 Grad gehen und gradgenau sein, noch besser halbe oder 1/10 Grade oder ein Digitalthermometer.

Tauchkühlspirale
Nice to have. Zur Abkühlung der Würze auf Gärtemperatur. Es geht auch ohne. Wenn sauber gearbeitet wird, kann die abgedeckte Würze auch bei Kellertemperatur abkühlen. Der Lagerraum sollte dann eine für die Bierart konstante Temperatur aufweisen. Temperaturschwankungen sind nicht gut.Wenn es zu kalt wird, hört die Hefe auf zu arbeiten und fängt auch nicht wieder an. Alternative zur Tauchkühlspirale: ein gebrauchter Kühlschrank und ein Thermostat mit Messfühler.

Malzmühle
Hier kann auch eine Getreidemühle mit einstellbarem Mahlwerk genutzt werden. Die Herausforderung: Die Spelzen dürfen nicht so stark zerstört werden, dennoch sollte der Mehlkörper gut gemahlen werden.

Rührlöffel – Holz oder Edelstahl
Je größer, desto besser. Wenn mit einem Brenner oder Elektroherd gearbeitet wird, muss die Maische unter ständigem Rühren erhitzt werden, um das Anbrennen am Topfboden zu verhindern.

Schöpfkelle

Jod & weiße Untertasse
Zur Kontrolle, ob sich die Stärke des Malzes vollständig in Zucker aufgelöst hat.

Waage
In der Regel reicht eine grammgenaue Küchenwaage.
Reinigungs- und Desinfektionsmittel
Lagerraum

Bevor mit dem Brauen begonnen wird, muss der Brauvorgang formlos (E-Mail mit Ort-, Zeit- und Mengenangabe reicht) beim zuständigen Hauptzollamt angemeldet werden. Und wenn der Brauvorgang abgeschlossen ist, muss eine Biersteuererklärung abgegeben werden (Details hierzu gibt es unter www.zoll.de). Als Haus- und Hobbybrauer dürfen pro Person 200 Liter Bier im Jahr steuerfrei hergestellt werden. Bei einer Hobbybraugemeinschaft von fünf Leuten sind es entsprechend 1000 Liter.

LOS GEHT'S

1. REZEPT AUSWÄHLEN
 *unbegrenzt*

Neben den ersten Vorschlägen hier im Buch gibt es eine Vielzahl spezieller Heimbrau-Bücher mit jeder Menge spannender Rezepte. Aber auch diverse Heimbrauer-Foren im Internet sind eine dankbare Quelle.

2. MALZ SCHROTEN
 *1 bis 2 Stunden*

Das Malz sollte so zerkleinert werden, dass die Kornhülsen so gut wie möglich erhalten und der Mehlkörper so gut wie möglich zerkleinert wird.

3. MAISCHEN

 1,5 bis 2,5 Stunden

Wasser in den Kochtopf füllen und auf Einmaisch-Temperatur erhitzen. Anschließend das Malz unter ständigem Rühren einschütten, damit es nicht klumpt. Auch nach der beendeten Schüttung immer weiterrühren, damit das Schrot sich nicht auf dem Boden absetzt und anbrennt und damit die Temperatur im gesamten Topf einheitlich ist. Es folgen gemäß dem Rezept weitere Maischerasten, das heißt, die Maische wird in mehreren Schritten auf höhere Temperaturen erhitzt.

Nach der letzten Rast, also der höchsten Temperatureinstellung, im Regelfall 72 Grad, wird getestet, ob sich die gesamte Stärke des Malzes in Zucker umgewandelt hat. Hierfür wird eine kleine Menge der Maische zusammen mit einem Tropfen Jod auf einem weißen Teller vermischt. Bleibt die Mischung braun, kann es weitergehen. Verfärbt sie sich jedoch blau, sollte die letzte Temperatureinstellung gehalten und der Jodtest alle zehn Minuten wiederholt werden, bis keine Verfärbung mehr auftritt. Wenn das der Fall ist, wird die Maische noch einmal auf 78 Grad hochgeheizt.

4. LÄUTERN

 2 bis 3 Stunden

Ist alles verzuckert, findet die so genannte Fest(Treber)-Flüssig(Würze)-Trennung statt. Hierfür wird Wasser auf 78 Grad erhitzt und in den Läuterbottich mit dem Siebboden gegossen, so dass das Sieb gerade mit Wasser bedeckt ist. Wenn man ein einfaches Sieb mit Gaze oder Mullwindel auf einem Bottich nutzt, muss kein Wasser eingefüllt werden. Mit einer Schöpfkelle wird die Maische nun in den Bottich gebracht. Hierbei sollte keine Zeit verloren werden. Ist die gesamte Maische im Bottich, wird der

Deckel geschlossen, und die Spelzen setzen sich auf dem Siebboden ab. 15 Minuten sollte diese Läuterruhe dauern.

Wenn mit einem Einkochtopf gearbeitet wird, sollte dieser
gereinigt und unterhalb des Abflusshahns des Läuterbottichs
positioniert werden, zwei Eimer werden bereitgestellt, und erneut
wird Wasser auf 78 Grad erhitzt. Einer der Eimer wird unter den
Abflusshahn gehalten, und der Hahn wird geöffnet. Die ersten Liter Würze, die abfließen, sind trüb und werden oben zurück in den
Bottich gekippt, während der zweite Eimer unter dem Hahn die
weitere Würze auffängt. Das geschieht so lange, bis nur noch eine
klare Flüssigkeit abläuft, die Vorderwürze, die dann in den Kochtopf kommt. Bevor die Spelzen nicht mehr mit Flüssigkeit bedeckt
sind, erfolgt der Nachguss mit dem erhitzten Wasser. Dabei sollte
der größte Teil Malzzucker aus dem Treber herausgewaschen werden. Damit die Spelzen dabei nicht aufgewirbelt
werden, kann das Wasser vorsichtig mit einer Schöpfkelle eingefüllt werden. Wirbeln die Spelzen doch auf, sollte man warten,
bis sich die Spelzen wieder abgesetzt haben. Dann kommen die
Eimer erneut zum Einsatz. Wenn die Würze wieder klar ist, fließt
sie weiter in den Einkochtopf. Nebenbei wird mit Spindel oder
Refraktometer der Extraktgehalt der Würze gemessen.

Wird mit einem einfachen Sieb gearbeitet, wird dieses auf einen
zweiten Topf gestellt und die Würze mit einer Schöpfkelle in das
Sieb gegeben. Ist der Topf gefüllt, wird das Sieb wieder auf den
ersten gestellt. Der Vorgang wird so lange wiederholt, bis die
Würze klar ist.

Nebenbei wird mit Spindel und Messzylinder oder Refraktometer
der Extraktgehalt der Würze gemessen. Stimmt der Extraktgehalt,
kann gekocht werden. Der Extraktgehalt sollte bei Kochbeginn ein
Prozent unter der angestrebten Stammwürze liegen.

5. KOCHEN

 *1 bis 2 Stunden*

Der Kochtopf wird mit geschlossenem Deckel auf 100 Grad erhitzt. Im Anschluss bleibt der Topf geöffnet. Die Kochzeit der Würze und die weitere Zugabe von Bitter- oder Aromahopfen ist abhängig vom Rezept. Während die Bierwürze mindestens 45 Minuten kocht, wird der Läuterbottich mit heißem Wasser gereinigt. Im Anschluss muss der Heißtrub – die Hopfenbestandteile und Eiweiße, die beim Kochen entstehen – abgeschieden werden. Hierfür wird die Würze nach dem Kochen mit dem Kochlöffel in Rotation versetzt (Whirlpool). Der Heißtrub setzt sich so in der Mitte des Topfes ab. Hier bewährt sich ein Topf mit Auslaufhahn sehr. Der Gärbottich wird unter den Hahn des Einkochtopfs gestellt, der Hahn wird geöffnet, und die geklärte Würze fließt in den Gärbottich. Alternativ kann die Würze mit einer Kelle abgeschöpft werden.

6. HAUPTGÄRUNG

 *3 bis 6 Tage*

Die Würze wird mit der Kühlspirale möglichst schnell auf die Gärtemperatur abgekühlt. Alternativ kann die Würze abgedeckt in einem kühlen Raum über Nacht abkühlen. Damit wird die Würze auf die Gärtemperatur gebracht. Es folgt die Hefegabe, und spätestens am nächsten Tag sollte die Gärung beginnen. Erkennen kann man diese an einer leichten Schaumbildung auf der Oberfläche. Bei einem Gärtank mit Ablauf ab und zu mal Proben ziehen und mit dem Refraktometer oder der Spindel testen, wie hoch der Extraktgehalt ist.

7. NACHGÄRUNG

 2 bis 10 Wochen (je nach Bierstil)

Das junge Bier wird in Flaschen oder Fässer abgefüllt. Die Flaschen sollten keimfrei sein. Dafür können sie desinfiziert oder mit ein wenig Wasser befüllt bei 120 Grad eine halbe Stunde in den Backofen gestellt werden. Dabei sollte der Bügel auf der Flasche liegen. Abfüllschlauch und -hahn werden ebenfalls desinfiziert und zusammengefügt. Das junge Bier wird ohne Kohlensäure abgefüllt. Um die Flaschengärung in Gang zu bringen, nimmt man sich nach dem Kochen einen Teil von der heißen Würze ab und friert ihn ein. Zur Flaschenabfüllung wird die Würze wieder aufgetaut und auf die Flaschen verteilt. Alternativ kann in die Flaschen auch ein wenig Traubenzucker gegeben werden. Anschließend wird das Bier mit dem Abfüllschlauch, der bis zum Flaschenboden reicht, in die Flaschen gefüllt. Die Flaschen werden verschlossen und für zwei Wochen bei Zimmertemperatur zur Flaschengärung gelagert. Am Ende der Gärung sollten sie noch einmal auf null Grad gekühlt werden, damit die Hefe inaktiviert wird.

Aufgepasst: Wenn zu viel Zucker ins Bier geraten ist, kann sich ein Übermaß an Kohlensäure bilden, und schlimmstenfalls platzen die Flaschen irgendwann. Daher sollte nach vier bis fünf Tagen der CO_2-Druck überprüft werden. Hierfür wird eine Flasche geöffnet. Schießt das Bier einem entgegen, sollten alle Flaschen kurz geöffnet werden, um den CO_2-Druck abzulassen. Dies sollte einige Tage später wiederholt werden.

Hopfenstopfen: Soll das Bier mit Hopfen gestopft werden, kann es nicht gleich nach der Hauptgärung in Flaschen abgefüllt werden, sondern wird in ein Fass gefüllt. Der Hopfen wird in einem sterilisierten lebensmittelechten Netz dazugegeben.

REZEPTE

◊ Diese drei Rezepte stehen beispielhaft für das, was in der heimischen Küche alles machbar ist. Weitere Rezepte gibt es in einer Vielzahl von Heimbraubüchern.

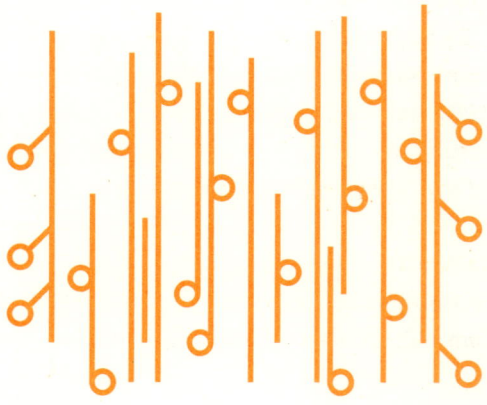

GOSE

von Fritz Wülfing/Ale-Mania

Eigentlich wird die Gose mit Milchsäurebakterien oder Bretta-nomyces gebraut. Wir wählen hier die einfache Variante und nutzen fertige Milchsäure.

ZUTATEN:

Malz: 2,5 kg Pilsner Malz, 2 kg Weizenmalz
Hopfen: 30 g Spalter Hopfenpellets
Hefe: DS Nottingham, WLP003, WY 1007
Zucker: 100 g Glukose
Gewürze: 15 g Koriander
Weitere: 30 ml Milchsäure 80 %, 7 g Kochsalz

ZUBEREITUNG:

Maischen: Wasser mit 73 °C, Maischtemperatur 65 °C
Läutern, anschließend Nachguss mit 78 °C

ZUGABE:

Hopfengabe (30 g Spalter) in die Vorderwürze
Gewürzgabe (15 g Koriander) bei Kochende
Kochsalz und Milchsäuregabe 10 Minuten vor Kochende

GÄRUNG:

mit einer Anstelltemperatur von 18 °C
Flaschengärung mit 5 g Glukose pro Liter Bier

AMERICAN PALE ALE

von Johannes Heidenpeter

ZUTATEN:

12 l Brauwasser
Malz: 2,8 kg Pilsner Malz, 0,2 kg helles Karamellmalz
Hopfen: 10 g Perle, 50 g Cascade
Hefe: englische Ale-Hefe
12 l Wasser für den Nachguss

ZUBEREITUNG:

Einmaischen bei 63 °C
Rast bei 68 °C für 60 Minuten
Jodprobe
Abmaischen bei 78 °C
Kochen (Kochzeit: 80 Min.)

HOPFENGABE:

10 g Perle zu Kochbeginn
5 g Cascade nach 60 Minuten
10 g Cascade nach 75 Minuten
35 g Cascade nach Kochende

GÄRUNG:

Gärbottich: 5 bis 7 Tage bei 20 °C
Flasche: 2 Wochen bei 20 °C,
1 Woche bei 0 °C

SINGLE HOP INDIA PALE ALE

von Oliver Wesseloh

ZUTATEN:

für 20 l Anstellwürze:

ca. 30 l Brauwasser

Malz: (Gesamtschrotmenge: 5,5 kg), 3,3 kg Wiener, 1,93 kg Pale, 0,27 kg Caramünch® l

Hefe: amerikanische Ale-Hefe

Hopfen: frei wählbar (Menge der Hopfengaben müssen dann anhand des Alphasäuregehalts festgelegt werden)

ZUBEREITUNG:

Einmaischen in 15 l bei 50 °C

Aufheizen auf 66 °C

60 Minuten Rast

Jodprobe, wenn Jod normal, aufheizen auf 78 °C

Abläutern: Ziel: ca. 21,5 l mit 15,5 °P bei Ende Abläutern

75 Minuten Kochen, Ziel 20 l mit 16,5 °P bei Kochende

HOPFENGABEN:

Kochbeginn 30 IBU – 30 % Ausnutzung

Kochmitte 15 IBU – 30 % Ausnutzung

10 Minuten vor Ende 10 IBU – 20 % Ausnutzung

5 Minuten vor Ende 8 IBU – 15 % Ausnutzung

Whirlpool 5 IBU – 5 % Ausnutzung

GÄRUNG:

3 bis 5 Tage bei 20 °C

100 g Hopfen stopfen. Entweder im Fass bei 0 °C 2 Wochen lagern oder:

Im Gärtank auf dem Hopfen für 2 Tage lassen, danach in Flaschen füllen und ca. 7,5 g Traubenzucker pro Liter zugeben, 2 Wochen bei 20 °C lagern, danach 1–2 Wochen bei 0 °C

Eleganter ist es, einen Teil der Würze vor der Gärung einzufrieren, diese vor dem Flaschenfüllen aufzutauen und dann ca. 60 ml Würze auf 1 l Bier zu geben (anstatt Traubenzucker).

AUSSERGEWÖHNLICHE BIERE

SAMUEL ADAMS UTOPIA/BOSTON BEER COMPANY

Das Sam Adams Utopia ist eines der teuersten Biere der Welt und das stärkste aus natürlicher Gärung hergestellte Bier.

PALE ALE/SIERRA NEVADA BREWING COMPANY

Ganz einfach ein hervorragendes Beispiel seiner Art und meiner Ansicht nach eines der besten Biere der Welt

METHUSALEM/THE MONARCHY

Wiederauflage des komplett in Vergessenheit geratenen Dortmunder Adamsbier, ein 10 %iges, leicht säuerliches Altbier

SIXTEENTH ANNIVERSARY ALE/FIRE STONE WALKER BREWING COMPANY

Acht verschiedene Biere wurden in 226 Eichenfässern gelagert und zu einer Geschmacksexplosion zusammengefügt.

RAISON D'ETRE/DOGFISH HEAD BREWERY
Belgian Style Brown Ale, mit Rosinen und Rübenzucker gebraut

FLORA/HILL FARMSTEAD
Belgisches Saison-Bier, das auf Früchten in Rotweinfässern gelagert wurde

WESTVLETEREN 12
Wird von Mönchen eines Trappistenklosters gebraut, Verkauf erfolgt nur direkt im Kloster, vorherige Anmeldung notwendig, Absatzmenge begrenzt.

NEUGIERDE GEWECKT? HIER GIBT ES WEITERE INFORMATIONEN

Bücher

MICHAEL JACKSON, *The New World Guide to Beer*
(Running Press 1988)
STEVE HINDY, *The Craft Beer Revolution*
(Palgrave Macmillan 2014)
GARRETT OLIVER, *The Brewmaster's Table*
(Ecco 2005)
GARRETT OLIVER, *The Oxford Companion to Beer*
(Oxford University Press 2011)
HORST DORNBUSCH, *Die Biersorten der Brauwelt*
(Carl Hans Fachverlag 2014)
FRITZ & HEIKE WÜLFING, *Craft-Bier selber brauen*
(Lempertz 2014)
CHARLIE PAPAZIAN, *The Complete Joy of Homebrewing*
(William Morrow 2014)
KEN GROSSMAN, *Beyond the Pale*
(Jon Wiley & Sons 2013)
FRANZ MEUSSDOERFFER, *Das Bier: Eine Geschichte von Hopfen und Malz* (C.H. Beck 2014)
RANDY MOSHER, *Mastering Homebrew*
(Chronicle Books 2015)
RANDY MOSHER, *Tasting Beer*
(Story Publishing 2009)
MIXOLOGY, *Cocktailian: Bier & Craft Beer*
(Tre Torri 2014)

Internet

www.hopfenhelden.de

www.lieblingsbier.de

www.feinerhopfen.de

www.hopshysteria.de

www.ratebeer.com

www.untapped.com

www.beeradvocate.com

www.bierguerilla.de

www.beer-index.de

www.hobbybrauer.de

www.bieratelier.de

www.brewberlin.com

www. brewerassociation.org

DANK

◊ Zuallererst möchte ich Julia danken, die nicht nur mein Bierleben mit mir teilt, sondern es auch geschafft hat, meine wirren Gedanken verständlich zu Papier zu bringen. Und das in einer Zeit, in der wir beide mit dem Aufbau unserer Brauerei eigentlich komplett ausgelastet waren.

Ich danke Klaas Twietmeyer/formvermittlung, der die Bierbegeisterung mit uns teilt, immer für verrückte Projekte zu haben ist und die großartige Gestaltung dieses Buches übernommen hat.

Ganz großer Respekt und Dank gebührt dem Rowohlt Verlag, der so ein spannendes Thema für sich entdeckt hat und mir die Möglichkeit gegeben hat, meine Bierbegeisterung noch weiter zu teilen. Ganz besonders gilt das für unsere Lektorin Julia Suchorski, die uns aufgestöbert, angespornt und mit uns immer die Ruhe bewahrt hat.

Ich danke auch meinen Gesprächspartnern, die mir trotz knapper Zeit bei einem Bier Rede und Antwort standen.

Ein riesiges Dankeschön gilt unseren Töchtern Lisa und Kaya, weil sie da sind, weil sie großartig sind und unser Leben über alle Maßen bereichern und weil sie meistens noch Verständnis dafür haben, dass wir nicht so viel Zeit für sie aufbringen können, wie sie es verdient hätten, sondern uns sogar noch mit Stolz unterstützen.

Ich danke meinen Eltern und Schwiegereltern, die immer im Einsatz sind, egal ob als Ratgeber, Buchhalterin, Köchin, Fahrer oder (vor allem) als liebevolle Großeltern für unsere Töchter.

Ich danke unseren Freunden, die nicht nur unsere Begeisterung für Bier weitertragen, sondern immer mit anpacken, wenn sie gebraucht werden, und es ohne zu murren ertragen, dass sie, wenn sie uns treffen wollen, meist auf Bierveranstaltungen kommen müssen.

Und ganz besonders danke ich all unseren Kollegen, Händlern, Gastronomen, Lieferanten, Kunden, Mitstreitern, Wegbereitern und -begleitern, Unterstützern, Bloggern, Journalisten, Hobbybrauern und allen anderen Bierverrückten, mit denen wir gemeinsam das Thema Biervielfalt weiter nach vorne bringen können und die es uns ermöglichen, unseren Traum vom Bierleben Wirklichkeit werden zu lassen.

Auf euch!
Cheers, Olli